Yared Dibaba

mit Fabienne Pakleppa

DER HEIMATFORSCHER

Wie ich Deutsche in aller Welt besuchte

Rowohlt Taschenbuch Verlag

Für Joe Tex und Knillo

Bildnachweis

Alexander Beckmeier: Seite 9, 148, 169, 176, 203
Sven Jaax: Seite 68, 72, 132, 135, 153, 155
Marco Hoffmann: Seite 45
Cornelius Kob: Seite 120, 128, 163, 183, 192, 210
Matthias Monien: Seite 109
Marcel Tauer: Seite 81
Christopher Wiedicke: Seite 23, 97
Alle anderen Fotos: privat

Originalausgabe
Veröffentlicht im Rowohlt Taschenbuch Verlag,
Reinbek bei Hamburg, September 2009

Lektorat Christof Blome
Umschlaggestaltung ZERO Werbeagentur, München
(Foto: Carlo Zamboni)
Satz Quadraat PostScript, InDesign,
bei KCS GmbH, Buchholz bei Hamburg
Druck und Bindung CPI – Clausen & Bosse, Leck
Printed in Germany
ISBN 978 3 499 62476 6

INHALT

HEIMAT, HEIMAT, WIE BIST DU SCHÖN … ODER WIE ALLES ANFING

«Warum bist du eigentlich in Sibirien geblieben?», frage ich Andreas.

Der vierundfünfzigjährige Lehrer wohnt in einem reizlosen Plattenbau in Jarowoje, nur wenige Kilometer von der Stadt Slawgorod und von der Grenze zu Kasachstan entfernt. Die Gegend gehörte zu den Hauptsiedlungsgebieten der Russlanddeutschen, jetzt sind die meisten weg. Wir haben unsere Schuhe vor seiner Tür ausgezogen, sind auf Socken durch die Wohnung gelaufen, die sehr ordentlich ist, aber gemütlich und voller Nippes. In einer Vitrine bewahrt Andreas altes, wertvolles Geschirr und Familienfotos auf.

Vom Balkon blickt man auf einen Hof mit ein paar Bäumen und Büschen, vor allem aber auf viele weitere Plattenbauten wie in den Trabantenstädten der ehemaligen DDR. Ein Mann geht auf Krücken vorbei. Das Haus, die Umgebung, die Stadt, all das wirkt deprimierend, sehr weit weg von unserer westlichen Welt. Es wundert mich nicht, dass in den neunziger Jahren Hunderttausende von Deutschstämmigen ausgewandert sind. Andreas, der durch England und die USA gereist ist und auch Deutschland gut kennt, hat sich jedoch dagegen entschieden.

«Warum bin ich geblieben … Das ist eine Scheinfrage, Yared», antwortet er mit leiser Stimme und lächelt. «Ich muss meine Mutter zitieren, sie sagte immer: ‹Heimat, Heimat, Heimat, wie bist du schön …›»

Ich sehe Andreas ungläubig an. Schön ist es hier wahrlich nicht. Doch als wir kurz darauf mit unserem Filmteam am Ufer des Salzsees Bolschoje Jarowoje eintreffen, verstehe ich ihn. Ein wenig erinnert mich dieser Platz an Sylt und an die Nordsee-Landschaften, die ich aus meiner Kindheit kenne. Vertraute Urlaubsgefühle steigen in mir hoch.

«Sooft es geht, verbringe ich mit meinen Freunden hier ein paar Stunden am Strand», erklärt Andreas. «Das Wasser ist sehr salzig, das ist gut für die Menschen. Viele kommen aus ganz Russland und sogar aus Deutschland her, um sich zu erholen und Kuren zu machen.»

Sibirien im Sommer: Die Sonne scheint, es ist angenehm warm, und wie überall auf der Welt zieht das Wasser Menschen an. Eine Imbissbude steht da, ganze Familien haben es sich am Ufer bequem gemacht und picknicken. Einige Badende tummeln sich im See, Kinder fahren in altertümlichen Tretbooten herum oder spielen im Sand, junge sonnengebräunte Mädchen im Bikini reichen sich Handtücher und cremen sich gegenseitig ein, Jungs spielen Fußball.

Unweit davon sitzt ein alter Mann allein voll bekleidet auf einem Teppich, blickt in die Ferne und wirkt eindeutig wie ein Osteuropäer. Nur er erinnert mich daran, dass wir siebentausend Kilometer von Deutschland entfernt sind.

Andreas und ich, ein Deutsch-Sibirer und ein Oromo-Deutscher – wir beide haben eines gemeinsam: Wir sind mit zwei Kulturen aufgewachsen, haben gelernt, damit zurechtzukommen. Doch wir unterscheiden uns auch voneinander: Seine Familie ist schon vor Generationen nach Russland gezogen, während wir, meine Eltern, meine Geschwister und ich, erst vor drei Jahrzehnten selbst als Einwanderer nach Deutschland kamen.

Wie funktioniert überhaupt so ein Zusammenspiel zweier Kulturen? Kann man sie in seinem Alltag miteinander verbinden? Was heißt es für den Einzelnen, sich integrieren, sich anpassen zu müssen? Ist es möglich, heimatliche Sitten und Charakterzüge

Mit Andreas am Ufer des Salzsees Bolschoje Jarowoje

in ein fremdes Land zu importieren und weiter zu pflegen? Wie fühlen sich die Deutschen, die selbst irgendwo auf der Welt als Ausländer angekommen sind und sich einleben müssen? Mit solchen Fragen beschäftige ich mich schon sehr lange, davon handelt dieses Buch. Es besteht aus vielen Geschichten, aus meiner eigenen und denen der Deutschstämmigen, die ich seit Jahren auf allen Kontinenten treffe.

Können Sie sich vorstellen, viel unterwegs zu sein und Menschen auf Plattdeutsch zu interviewen?», so ähnlich klang im Mai 2006 die Anfrage des NDR. Damit fing alles an.

Gemeinsam mit meiner Kollegin Julia Westlake, die ich schon immer sehr geschätzt habe, sollte ich durch die ganze Welt reisen und norddeutsche Auswanderer besuchen, mit ihnen über ihren Weg in die Fremde, ihr Leben fern des Heimatlandes in einem neuen oder schon alten Zuhause, über ihre Arbeit, ihre Sorgen und Freuden reden. Wir würden einfach locker mit ihnen plaudern, wie es Reisende tun, wenn sie unterwegs auf Landsleute stoßen, die sich in der Fremde niedergelassen haben. Julia sollte auf Hochdeutsch moderieren – und ich eben auf Platt.

Was für ein Angebot! Das hieß, dass ich meinesgleichen begegnen würde: Menschen, die nicht in ihrem Herkunftsland leben. Ich war hellauf begeistert und sagte sofort zu.

Juli 2006 flogen Julia und ich mit einem kleinen Fernsehteam nach Namibia, im August waren wir in Paraguay, im September in Iowa und in New York. Ursprünglich waren vier Sendungen à fünfundvierzig Minuten geplant, aber weil die Zuschauer «Die Welt op Platt» offenbar mögen, drehen wir bis heute weitere Folgen. So verbringe ich jedes Jahr Monate weit weg von meinem eigenen Zuhause und meiner Familie. Die Produktionsteams wechseln ständig, deshalb sind Julia und ich füreinander die einzige Konstante; mittlerweile sind wir richtig gute Freunde geworden.

Wie viele Tausende von Kilometern wir nun schon geflogen sind, kann ich nicht sagen, auch erinnere ich mich manchmal nicht mehr an die Namen meiner Interviewpartner. Ihre Gesichter und ihre Geschichten vergesse ich jedoch nie. Viele von ihnen haben mich sehr stark berührt. Es gibt darunter junge Auswanderer, solche, die einer Liebe nachgereist sind, andere, die nicht auswandern möchten, sondern aus beruflichen Gründen eine Zeitlang im Ausland verbringen, aber auch viele Menschen, deren Vorfahren Deutschland verlassen haben oder verlassen mussten, um woanders einen neuen, vielleicht besseren Boden zu finden. Manche leben seit Generationen fern von ihrer «alten Heimat» und behalten sogar nach über hundertfünfzig Jahren eine Verbindung zu Deutschland.

Was bedeutet «Heimat» überhaupt? Was ist dieser Boden, aus dem wir Kraft schöpfen? Wie habe ich mich hier eingelebt, wann habe ich angefangen, mich nicht nur als Oromo, sondern auch als Deutscher zu betrachten? Wie sehen sich die Deutschstämmigen im Ausland, wie ändern sich ihr Blick und ihre Verhaltensweisen nach einigen Jahren, was geschieht mit der nächsten Generation? Und was wird aus den Kindern, die in sich Zutaten mehrerer Länder und Kulturen tragen – ich denke an einen meiner oromo-portugiesisch-deutschen Söhne, der mich fragte: «Papa, warum können wir nicht in Kenia leben und in Deutschland Urlaub machen?»

Man sagt, wir Menschen sind wie Bäume, wir brauchen Wurzeln. Das sind unsere Familie, unsere Freunde, die Landschaften unseres Herkunftslandes, unsere Sprache, unsere Religion, unser Beruf, natürlich das Essen – für viele ist es das Erste, was sie vermissen – und vieles mehr. Zieht einer von uns in die Ferne, nimmt er einiges davon mit, muss aber auch etliches hinter sich lassen. Bis er anfängt, sich an einem neuen Ort heimisch zu fühlen, können Jahre, manchmal sogar Jahrzehnte vergehen. Sich ganz zu verpflanzen ist ein langer Prozess, und die Erinnerungen an das Herkunftsland verblassen nur allmählich – oder gar nicht. Sie nähren die Sehnsucht, stillen das Heimweh. Diese Gefühle kenne ich sehr gut.

MEINE HEIMAT

Ich bin 1969 als erster Sohn meiner Eltern in einem Dorf namens Aira geboren. Diesen Ort werden Sie kaum auf einer Landkarte finden. Er liegt in Oromya, der größten Provinz Äthiopiens, genauer gesagt in der Region Wollega, westlich der Hauptstadt Addis Abeba oder Finfinne, wie wir Oromo sie nennen. Ein Jahr nach mir kam mein Bruder zur Welt; kurz darauf zogen wir nach Bedelle in die Region Illubabor. Aira und Bedelle sind in Norddeutschland durch die Projekte der Hermannsburger Mission bekannt, für die mein Vater lange tätig war. Sie gehört zur evangelisch-lutherischen Landeskirche Hannovers.

In Bedelle leitete mein Vater eine Handwerksschule. Der Ort liegt inmitten einer herrlichen Hochgebirgslandschaft mit fruchtbaren Böden und der für Äthiopien typischen roten Erde. Wir bewohnten ein stattliches Diensthaus mit einer schönen großen Terrasse und einem herrlichen Blick auf das Tal des Dabana-Flusses, der in den Blauen Nil mündet. Im Garten hatten wir sogar einen Sandkasten, den mein Vater mit einem Freund für uns gebaut hatte – etwas sehr Deutsches, genauso wie die bayerischen Lederhosen, die wir beim Spielen trugen. Freunde aus Deutschland hatten sie uns mitgebracht, und sie erwiesen sich als äußerst praktisch, weil sie bekanntlich sehr robust sind.

In meinen Erinnerungen kommt mir die Zeit dort paradiesisch vor. Ich fühlte mich im Schoß meiner großen Familie und der Dorfgemeinschaft sicher und genoss es, nach Herzenslust die Umgebung auszukundschaften. Meine Mutter betrieb eine kleine Hühnerzucht und hatte einen Inkubator, wo die Eier ausgebrü-

Als Baby mit meinen Eltern

tet wurden. Ich liebte es, die Küken ausschlüpfen zu sehen. Wir besaßen auch eine eigene Kuh, so gab es bei uns immer frische Milch und Eier zu dem köstlichen Brot, das meine Mutter selbst backte. Ich war rundherum glücklich.

Doch als ich vier Jahre alt war, änderte sich unser Leben schlagartig. In Äthiopien bahnte sich damals ein Machtwechsel an. Das Land war eine Monarchie, und der über achtzigjährige Kaiser Haile Selassie ließ keinerlei Reformen zu. In der Bevölkerung wuchs die Unzufriedenheit, Unruhen kündigten sich an. Gerade um diese Zeit bekam mein Vater ein Stipendium, um Erziehungswissenschaft an der Universität Osnabrück zu studieren. Zugleich ergab sich für meine Mutter die Möglichkeit, eine Ausbildung als Krankenschwester zu machen. Das war für beide eine große Chance, und so beschlossen sie, mit uns Kindern für drei Jahre umzuziehen.

Deutschland war für sie kein fremdes Terrain. Die Hermannsburger Mission unterhält in Aira ein Krankenhaus und eine Schule, auf die mein Vater gegangen war. Nach der zwölften Klasse begann er, die jüngeren Kinder zu unterrichten. Dabei lernte er auch meine Mutter kennen – sie gehörte zu seinen Schülern. Irgendwann besuchte eine Studienrätin aus Hannover die Schule. Zurück in Deutschland, machte sie ein Pastorengremium aus dem Kirchenkreis Osterrode im Harz auf die Arbeit des jungen Lehrers aufmerksam. Und dieses beschloss, ihm ein Studium an der Pädagogischen Hochschule in Göttingen zu ermöglichen.

Meine Mutter konnte nach ihrem Schulabschluss dank der Unterstützung der Mission eine Hauswirtschaftsschule in Bad Oeynhausen besuchen. So hatten beide schon einige Jahre in Deutschland verbracht. Sie beherrschten die Sprache, waren mit der Landeskultur vertraut und hatten Freunde im Land. Deshalb sahen sie dem Umzug gelassen entgegen.

Für meinen Bruder und für mich aber war die Ankunft in Osnabrück ein großer Schock. Plötzlich waren nur noch weiße Menschen um uns herum! In Oromya waren fast alle schwarz. Von den wenigen Weißen kannte ich einige, ich hatte sogar einen weißen Freund, den Sohn des Pastors, mit dem ich sehr gern spielte. Doch für mich als Vierjährigen hatte die Hautfarbe bisher gar keine Bedeutung gehabt.

Nun wurde sie auf einmal sehr wichtig. Überall fielen wir auf, weil man damals, in den siebziger Jahren, auf deutschen Straßen kaum Schwarze sah. Unsere Familie wurde regelrecht angestarrt, oft mit freundlicher Neugier, manchmal durchaus feindselig. Mir war es unheimlich, immer Aufmerksamkeit zu erregen.

In unserem Dorf kannten wir jeden, wir waren dort frei, hatten unendlich viel Raum und Natur um uns herum. Jetzt lebten wir in einer anonymen Stadt mit über hunderttausend Einwohnern, mussten auf den Verkehr achten, durften zum Spielen nicht mehr allein vor die Tür. Und selbstverständlich hatten wir kein Haus nur für uns. Wir wohnten in einer kleinen Mietwohnung mit Kohleofen, die Kohle wurde durch ein Fenster in den Keller geworfen und musste jeden Tag geholt werden, denn es war kalt und grau. Das gefiel mir überhaupt nicht, ich kam aus einem warmen Land, wo die Sonne fast immer schien!

Das kühle, regnerische Wetter zwang uns, meistens in der Wohnung zu bleiben. Und diese hatte einen knarzenden Holzboden. So dauerte es nicht lange, bis sich die Nachbarn unter uns beschwerten, dass wir zu laut seien. Es gab Ärger. Mein Bruder und ich durften gar keinen Lärm mehr machen, und egal, wie sehr wir uns bemühten, leise zu sein – den Nachbarn war es immer noch zu laut. Für die Eltern bedeutete es Stress, für uns war es eine Katastrophe. Wir hatten unsere Bewegungsfreiheit verloren.

Da meine Eltern tagsüber beide beschäftigt waren, gingen wir in den Kindergarten. Praktischerweise gab es einen in dem Krankenhaus, an dem meine Mutter ihre Ausbildung machte. Wir besaßen damals allerdings noch kein Auto, sodass wir zu Fuß dorthin gehen mussten, was etwa vierzig Minuten dauerte. Das bedeutete, jeden Morgen um fünf Uhr aufzustehen, denn um sieben war für meine Mutter Schichtbeginn. Eine Quälerei!

Der erste Tag im Kindergarten war die Hölle, daran werde ich mich mein Leben lang erinnern. Wir sprachen noch kein Wort Deutsch, kannten dort niemanden und gerieten in Panik, als unsere Mutter uns der Betreuerin übergab. Bestimmt hatte sie uns vorher erklärt, dass sie uns bald wieder abholen würde, aber mein Bruder und ich wollten sie nicht gehen lassen. Noch nie hatten wir erlebt, dass sie uns in einer fremden Umgebung mit fremden Menschen allein ließ!

Schließlich standen wir beide am Fenster, sahen ihr hinterher und heulten, als hätte sie uns für immer verlassen. Für mich war das, wenn ich zurückdenke, ein Moment der Heimatlosigkeit. Ich fühlte mich hilflos und verlassen in der Fremde.

Zum Glück waren nur die ersten Tage schwer. Kinder sind sehr anpassungsfähig, wir gewöhnten uns schnell ein, lernten beim Spielen die deutsche Sprache in null Komma nichts, und wenn wir nach Hause kamen, wollten wir mit unseren Eltern nicht mehr Oromyfa sprechen. Abends schauten wir mit unserer Mutter im Fernsehen das Kinderprogramm an. Meine Lieblingssendung war die Sesamstraße, aber auch die Rappelkiste mochten mein Bruder und ich. Und wenn Bonanza lief, durften wir es mit unserem Vater zusammen gucken.

Als wir drei Jahre später nach Hause zurückkehrten, waren wir komplett verdeutscht, und ich hatte meine Muttersprache verlernt.

Auf dem Gelände der Hermannsburger Mission, kurz nach unserer Ankunft in Deutschland

BABYLONISCHES SPRACHGEWIRR

Europäische Flughäfen unterscheiden sich kaum voneinander. Ob in Paris, Hamburg oder London, die Menschen tragen größtenteils Einheitskleidung, Businessmode in dunklen oder gedeckten Farben bestimmt das Bild. Die meisten sind Einzelgänger, alle haben es eilig, weiterzukommen. Nur die Touristen, die aus südlichen Ländern zurückkehren, bringen für kurze Zeit etwas Farbe in die sterilen Hallen. Ganz anders der Flughafen in Dubai, wo unser Fernsehteam auf dem Weg nach Sydney landete.

Die Hallen waren gerammelt voll. Das sind sie fast immer, denn täglich machen hier an die achtzigtausend Passagiere aus aller Welt einen Zwischenstopp. Ich staunte über die bunte Mischung an Menschen, die nebeneinander friedlich auf ihren Weiterflug warteten. Die meisten schienen mit ihren Familien oder in Gruppen zu reisen und blieben zusammen; ihre Herkunft ließ sich an Kleidung und Gesichtern erkennen. Menschen aus ganz Asien, aus den afrikanischen und arabischen Ländern, Europäer, Amerikaner und Australier waren da, ich sah viele Männer in Djellabias – den langen Gewändern, die man in arabischen Ländern trägt –, Frauen in wunderschönen Saris und mit Schmuck behangen, Familien in westafrikanischen Trachten aus Ghana oder Nigeria und auch viele Äthiopier. Die Japaner und Chinesen waren meistens westlich gekleidet.

Und alle hatten es sich dort gemütlich gemacht. Manche lagen in den Gängen auf dem sandfarbenen Teppichboden und ruhten sich aus, viele saßen in großen Gruppen versammelt, aßen Speisen, die sie mitgebracht hatten. In der klimatisierten Luft vermischten sich die Düfte von Gewürzen aus verschiedenen Ländern und von diesen Menschen, die den Geruch ihrer Heimat verströmten.

Im Vorbeigehen konnte ich dem Klang unzähliger Sprachen lauschen, pickte hier und da ein paar Worte auf, manchmal sogar ganze Sätze. Es war ein wenig wie Babylon, doch kein Ort des Verfalls und der Gottlosigkeit. Man findet Gebetsräume für Christen, eine kleine Moschee für Moslems und auch Meditationsräume, in die man sich zurückziehen kann. Trotz der enormen Menschenmenge herrscht in den Hallen eine ruhige, angenehme Stimmung.

Auf westlichen Flughäfen ist bewaffnetes Wachpersonal überall präsent – in Dubai nicht, zumindest ist mir das nicht aufgefallen. Mich fasziniert das Flughafenpersonal, das in schneeweißen Djellabias hinter den Schaltern sitzt oder durch die Gänge läuft. Auch diese Gewänder tragen zur friedlichen Atmosphäre bei. Sie wirken sehr schick und so gepflegt, dass ich mich frage, ob die Angestellten jede Stunde eine neue, frisch gebügelte Djellabia anziehen. Eine Hierarchie zwischen ihnen konnte ich nicht erkennen, ich wüsste nicht, ob gerade ein hohes Tier – gar ein Scheich – oder ein Angestellter vor mir steht. Alle sind gleich freundlich, und man findet bestimmt einen, der die eigene Sprache spricht.

Mit dem NDR-Team sind wir immer wieder hier zwischengelandet. Beim ersten Mal gingen Julia Westlake und ich nach oben in eine Lounge, um uns die Wartezeit zu vertreiben. Wir kamen mit dem Kellner ins Gespräch, der uns den Kaffee servierte. Sein Name war Nelson, und ich erkundigte mich, woher er kam. «Aus Kenia», antwortete er. Dort spricht man Swaheli, so begrüßte ich ihn stolz mit «Habari yako» (Wie geht es dir?), und er erwiderte «Mzuri sana» (Gut!).

Überall, wo ich auf der Welt bin, gebe ich mir Mühe, einige

Worte, einige Sätze in der Landessprache zu lernen. In Kenia war ich schon oft und habe sogar als Kind einige Monate dort verbracht, deshalb konnte ich mit Nelson ein paar Worte in seiner Muttersprache wechseln. Bei jedem weiteren Besuch trafen wir ihn wieder, und nicht nur das, er erkannte Julia und mich sofort, hieß uns auf Swaheli willkommen. Wenn man müde vom Fliegen ist und ein bekanntes Gesicht sieht, fühlt man sich gleich ein wenig zu Hause.

Für mich ist Dubai durch die Vielfalt der Eindrücke zugleich verwirrend und so inspirierend, dass ich mir dort die Lebenswege mancher Reisender ausmale – als könnte ich auf ihren Gesichtern lesen, wo sie hinwollen, ob sie ihren Zielen voller Hoffnung entgegenfliegen oder gar voller Angst. Im größten Verschiebebahnhof des internationalen Luftverkehrs, diesem für viele schicksalsträchtigen Ort zwischen Vergangenheit und Zukunft, lässt sich gut träumen: Von einer Welt, in der Menschen trotz aller Unterschiede von Klassen, Religionen, Nationalitäten und Sprachen friedlich miteinander auskommen.

Meine erste Reise für den NDR führte mich nach Namibia. Ein Staat, der doppelt so groß wie Deutschland ist, aber nur an die zwei Millionen Einwohner hat. Von 1884 bis 1915 war er eine deutsche Kolonie, danach wurde er Protektorat von Südafrika, mit derselben Apartheidgesetzgebung. Die Einheimischen hatten in ihrer eigenen Heimat keine Rechte, das Land ihrer Vorfahren gehörte jetzt weißen Farmern, und an den Bodenschätzen wie Uran und Diamanten bereicherten sich auch nur Weiße. Dreißig Jahre lang kämpfte die Südwestafrikanische Volksorganisation (SWAPO) für die Befreiung des Landes. 1990 wurde Namibia schließlich eine unabhängige Republik.

Ich bin sehr gespannt auf das Land. Seit die Apartheid abgeschafft ist, gibt es auf dem Papier die gleichen Rechte für alle, aber wie sieht die Realität aus? Wie hat sich in den letzten fünfzehn Jahren das Verhältnis zwischen Schwarz und Weiß entwickelt? Und wie werden meine deutschstämmigen Interviewpartner auf mich reagieren? Die Autoren der Sendung haben ein Dossier über sie zusammengestellt. Über Jochen weiß ich, dass er um die siebzig ist, aus Hamburg stammt und dort 1943 den schwersten Bombenangriff auf einem Segelboot überstanden hat. Mit ihm verstehe ich mich auf Anhieb gut. Wir schnacken locker Platt miteinander, und ich duze ihn, wie ich es mit allen Gesprächspartnern tun werde, weil das Du gleich mehr Nähe schafft.

Jochen erzählt gern und hat Humor; mit seinen kurzen Haaren und dem Bart sieht er aus wie ein richtiger Hanseat. Man merkt ihm an, dass er körperlich hart gearbeitet hat. Jetzt besitzt er eine hübsche Pension in der Hauptstadt Windhoek, im Garten weht eine Hamburgfahne. Jochen zeigt mir die Sauna, die er selbst gebaut hat. Eine Sauna in Afrika – das ist fast wie ein Kühlschrank in Grönland! Einen kleinen runden Pool gibt es auch in seinem Garten, damit sich die Gäste nach dem Saunagang erfrischen können. Doch ich möchte wissen, wie es damals war, bei seiner Ankunft in Namibia.

«Ich kam her, um bei einer Zimmermannsfirma aus München zu arbeiten», berichtet er. «Meine allererste Begegnung, als ich von Bord ging, das war ein Schwarzer, der eine Sepplhose trug. Pechschwarz!»

Der Ausdruck gefällt mir nicht. Ich selbst würde nie einen Weißen als käseweiß bezeichnen.

«Plötzlich steht dieser pechschwarze Mann vor mir und fragt: ‹Geh, wer bisd 'an du? Wo kimmst 'an du daher?› Er spricht mich auf original Bayerisch an! Das war ein guter Anfang, so brauchte ich mich nicht gleich auf Afrikaans oder Englisch durchzuschlagen. Damals sprach ich nur Deutsch, Platt und die paar Brocken Englisch, die man in der Schule so lernt. Doch mit dem Bayerischen kam ich klar, und in meiner Firma sprachen alle nur bayerisch miteinander, die Schwarzen wie die Weißen …»

Der Einheimische in der Krachledernen war Jochens Empfangskomitee, er hatte ihn gleich unter all den Passagieren entdeckt, weil er eine Zimmermannskluft trug.

«Stell dir vor, Yared, die feste schwarze Hose und die Jacke mit den Knöpfen, und das bei dreißig Grad! Ich hatte Deutschland im Winter gleich nach meiner Lehre verlassen, doch in Namibia war Hochsommer ...»

Leider ist Jochen kamerascheu. Sobald das Team anfängt zu drehen, verfällt er in ein ernstes Schweigen, vor allem, wenn es um Themen geht, die ihn tief berühren. Ich spreche ihn auf das Segeln an, das eine wichtige Rolle in seinem Leben gespielt hat, und er taut allmählich auf.

«Ja, ich bin als Kind viel gesegelt, auf der Elbe in Schulau und im Fischereihafen, mit Jollen ... Aber schau dir das Land an, hier ist es trocken, nur trocken und dürr, eine einzige Wüste! Das Segeln konnte man vergessen!»

Er schmunzelt: «Dann hat die Stadtverwaltung nicht weit von hier einen Damm gebaut, und jetzt gibt's einen See. Ein schönes Stück Wasser! Einige Leute sind mit Dingis darauf gefahren ...»

«Was sind denn Dingis?»

«Ach, kleine Boote, 505er, alles Renndingis, in Deutschland weiß jeder, was das ist. Und wir haben uns ein Bootshaus gebaut. Und eine Bar. Ein richtiger Segelclub, mitten in der Wüste, in tausendachthundert Meter Höhe – man hielt uns für verrückt!»

An dem großen langen See hat Jochen viele Jahre jede freie Stunde verbracht. Als er uns dorthin führt, ist kein einziges Boot zu sehen. Doch an den Wochenenden kommen viele Menschen, um sich am Wasser zu erholen, zu segeln oder zusammen zu feiern. Auf dem gegenüberliegenden Ufer sieht man nur gelbrote Wüstenfarben, während man um den Segelclub herum einige Bäume gepflanzt hat; dazwischen wachsen große, silberne Kakteen. An der Decke der kleinen Bar hängt eine bronzene Schiffsglocke, auf der ich die Buchstaben K.Y.C. entdecke.

«Heißt das Kieler Yacht Club?», frage ich.

Jochen lacht. «Falsch geraten. Das K steht für Kalahari, die Wüste im Osten. Wir sind der Kalahari Yacht Club. Niemand nahm uns ernst, aber unser Kommodore hat sogar mal den Rio Race gewonnen, die Regatta zwischen Kapstadt und Rio ...»

Mit dem Segeln verbindet Jochen allerdings nicht nur Erinnerungen an heitere und unbeschwerte Stunden. Zögernd beginnt er, von den Bomben zu erzählen, die 1943 auf Hamburg fielen.

«Mein Vater war zum Glück kein Soldat. Man wusste, dass etwas Schlimmes passieren würde, weil es schon in den Nächten zuvor schwere Angriffe gegeben hatte. Bevor es am 27. Juli losging, brachte er uns nach Schulau auf unser Schiff und sagte uns, hier seien wir sicher. Er hatte recht. Als kurz vor Mitternacht die

Flieger kamen, waren wir auf der Elbe.»

In dieser Nacht flogen über siebenhundert britische Flugzeuge nach Hamburg, warfen innerhalb von drei Stunden mehr als zweitausendvierhundert Spreng- und Brandbomben ab. Es war lange trocken gewesen, zudem blies ein starker Wind, sodass die Stadt gleich in Flammen aufging. Tage und Nächte ging das Bombardement weiter. Insgesamt starben mehr als vierzigtausend Menschen, rund die Hälfte aller Häuser und Wohnungen wurde zerstört.

«Nach dem Feuersturm blieben nur Schutt und Asche», fährt Jochen leise fort. «Unser Haus, unser ganzes Viertel, das alles gab es nicht mehr. Wir sind elbabwärts nach Geesthacht gesegelt, wo meine Großeltern lebten, und haben alles, was wir noch besaßen, auf einen Karren gebracht. Ich ging mit meinem Vater zurück aufs Boot, stand neben ihm an der Reling. Er holte seinen Schlüsselbund aus der Tasche, sah mich an, sah auf den Schlüsselbund in seiner Hand, sagte: ‹Den brauchen wir nicht mehr› und warf ihn über Bord.»

Die Erinnerung ist so präsent, dass Jochen feuchte Augen bekommt.

Blick vom Kalahari Yacht Club (Namibia) auf den Stausee

«Das war der erste tiefe Einschnitt in meinem Leben», fügt er noch hinzu.

Den zweiten hat er mit seiner Auswanderung selbst vollzogen: Er hat sich in Namibia neu erfunden, Englisch und Afrikaans gelernt, eine Familie gegründet, vieles selbst gebaut und sich für ein soziales Bauprojekt engagiert. Nach Deutschland ist er einige Male zurückgefahren, jetzt mag er nicht mehr.

«Meine Heimat ist hier», sagt er.

Als ich vor kurzem in Hamburg war, habe ich jeden Morgen die Elbe angeschaut», erzählt Helga. «Das ist meine Heimat. Aber hier bin ich zu Hause.»

Seit bald fünfzig Jahren lebt die schlanke Farmersfrau mit den weißen Haaren auf der Roland Farm. Die liegt ebenfalls in Namibia und ist fast so groß wie die Insel Amrum. Was hat Helga dorthin verschlagen? Wenn sie das erzählt, klingt es ein wenig wie ein Märchen. Als junges Mädchen machte sie in Nordfriesland eine landwirtschaftliche Lehre, die mit Geldern aus Deutsch-Südwestafrika finanziert wurde, wie man Namibia damals immer noch nannte. Und eines Tages entdeckte Helga in der Zeitschrift «Constanze» die Heiratsannonce eines Mannes aus diesem Land.

«Er suchte eine Frau für seine Rinderfarm», erklärt Helga. «Ans Heiraten habe ich selbst nicht gleich gedacht, aber ich habe ihm geschrieben, dass er mir Arbeit besorgen soll, und dann schauen wir mal, wie es läuft ...»

Ein Blind Date der besonderen Art. Sie musste um die halbe Welt fahren, bis sie an den Ort kam, den sie jetzt ihr Zuhause nennt, und das bedeutete eine wochenlange Reise ins Ungewisse. Ein echtes Abenteuer für das Hamburger Mädchen.

«Und als du diese karge Landschaft gesehen hast, wolltest du nicht gleich zurück?», frage ich.

«Überhaupt nicht. Ich wollte sofort mit anpacken. Der Hof, die Rinder, all das hat mir schon gefallen. Ich musste viel über die verschiedenen Kuhrassen lernen ...»

Von der ersten Begegnung mit ihrem Mann spricht sie nicht, doch er gefiel ihr bestimmt auch. Die beiden haben geheiratet und vier Kinder bekommen, die jetzt alle aus dem Haus sind. Wenn ihr Sohn aus Windhoek zu Besuch kommt, fliegt er mit seinem Flugzeug hierher und landet auf der kerzengeraden, sehr breiten Piste, die zum Haus führt.

«Unsere Kinder sind deutsche Afrikaner», sagt Helga. «Sie fahren gern nach Deutschland, aber ihre Heimat ist Namibia.»

Vorsichtig taste ich mich bei dem Thema vor, das mich besonders interessiert.

«Es hat sich in den letzten Jahren hier viel geändert, wie geht es euch dabei?», frage ich Helga.

«Bei uns merkt man den Unterschied nicht so sehr. Weißt du, Yared, die Leute, die für uns arbeiten, sind auf uns angewiesen, und wir auf sie. Das war von Anfang an so. Sie sind froh, dass sie Arbeit haben, und wir sind froh, dass sie da sind. Wir kommen gut miteinander aus. Ich habe mich schon immer für sie verantwortlich gefühlt. Früher habe ich trotz der Apartheidgesetze meine Kinder und die Kinder der Angestellten zusammen in den Wagen gepackt, um sie in die Schule zu fahren, unsere Kinder gingen dann in die deutsche Schule, die schwarzen Kinder zum katholischen Pater.»

Ob ihre Kinder und die der Angestellten damals auch miteinander gespielt haben oder gar richtig Freunde waren?

Gastronomisches Intermezzo

Gastronomisches Intermezzo

Alle in unserem Fernsehteam sind neugierig auf die Gerichte der Länder, die wir besuchen. Tagsüber haben wir wenig Zeit, aber am Abend nach dem Dreh sitzen wir gern und lange in Restaurants zusammen, mal in einfachen, mal in besseren. Zu den allerbesten gehört die Küche unseres Hotels in Namibia. Das war früher der Bahnhof von Swakopmund, jetzt ist es ein Fünfsternehotel, das für uns nicht einmal teuer ist, aber für den größten Teil der Bevölkerung, der nicht so viel Geld hat, der pure Luxus.

Jeden Morgen wird vor dem Kolonialbau die deutsche Fahne gehisst, die Zimmer sind schön, der Speisesaal ist ein echtes Schlemmerparadies. Alles wird frisch zubereitet, es gibt wunderbare Fische und allerlei Arten Seafood – selbstverständlich auch einige deutsche Spezialitäten, die uns aber überhaupt nicht interessieren. Viel spannender finden wir die dicken Steaks aus bestem Fleisch, allerdings bestellen wir kein Rind- oder Schweinefleisch, sondern probieren Kudu-, Zebra-, Antilopen- und Krokodilfleisch. Dieses ist ein wenig faserig wie Hähnchenfleisch, schmeckt aber sehr lecker.

Unser Kameramann Christopher bekommt einmal eine Haxe, die so enorm ist, dass wir unseren Augen nicht trauen. «Das schaffst du nie, sie ist mindestens zwei Kilo schwer!», sage ich zu ihm und schaue fasziniert zu, wie er Stück für Stück das Fleisch absäbelt und bis zum letzten Bissen aufisst.

Im Supermarkt kaufen Julia und die anderen auch Biltong, ein Trockenfleisch, an dem man sehr lange kauen kann. Früher wurde es traditionell hergestellt: Wenn man ein Tier erlegt hatte und nicht alles gleich aß, schnitt man aus dem restlichen Fleisch Streifen, die man in die Sonne hängte und so trocknen ließ. Ähnlich hat man damals auch in Deutschland Fleisch konserviert, bevor es Kühlschränke und Tiefkühltruhen gab, aber weil die Sonne hier nicht stark genug ist, wurde es in den Kamin gehängt und geräuchert.

Biltong gilt in Namibia und auch in Südafrika als Spezialität. Meine Mitreisenden mögen es. Ich nicht. Trockenfleisch kenne ich aber auch schon aus Oromya. Bei uns nimmt man es gern als Reiseproviant mit, so habe ich schon früher davon gekostet und finde es ein wenig zu trocken und zu hart.

Schwarzbrot, Milchbrot und Brötchen wie daheim – danach sehnen sich Deutschstämmige im Ausland oft. Wo auch immer in der Welt sich viele von ihnen niedergelassen haben, war immer ein Bäcker dabei, und bald entstand eine typisch deutsche Bäckerei. In Swakopmund brauchen wir gar nicht danach zu suchen, an jeder Ecke gibt es welche. Und die Verkäuferinnen sprechen Deutsch. Neben dem Lieblingsbrot der Deutschen bieten sie eine reichliche Auswahl an Sahnetorten, Cremeschnitten, Apfel-,

Käse-, Streusel- und Butterkuchen. Sogar einen Liebesknochen kann man sich zur gemütlichen Kaffeerunde bringen lassen. Ladeneinrichtungen vom Stuhl bis zum Vorhang, und sogar die Menschen, die darin sitzen, wirken so typisch deutsch, dass man sich in Heilbronn oder Husum fühlt, sobald man die Tür öffnet.

«Früher gab es hier zwei Türen», erzählt mir Bäcker Otto, ein freundlicher älterer Mann. «Diese war für die Weißen, die hintere für die Schwarzen. Dort verkauften wir das alte Brot billig. Ich mochte diese Apartheid nicht, aber so waren halt die Gesetze, als ich 1955 nach Namibia kam. Ich war Kaufmann und musste mich ihnen fügen. Als das Apartheidsystem endlich abgeschafft wurde, war ich der Erste, der die Türen für alle öffnete. Das hat man mir übel genommen am Ort.»

Im Café seiner Bäckerei unterhält sich Julia mit einigen Frauen, die aus dem Kreis Cloppenburg kommen und drei Wochen Urlaub in Afrika verbringen. Ihre Gastgeberin, eine Farmersfrau, deren Tochter Wiebke in Deutschland studiert, hat sie hierher geführt. Ich sehe im Raum nur Weiße.

«Am Anfang blieben die weißen Kunden aus», fährt Otto langsam fort. «Nicht alle, aber ziemlich viele. Jetzt kommen sie wieder. Die einzige Trennung ist zwischen Rauchern und Nichtrauchern. Weiße und Schwarze können hier zusammensitzen ...»

«Zeig mir doch die hintere Tür», bitte ich Otto. Wir treten auf die Straße, gehen am Schaufenster der Bäckerei vorbei und um das Gebäude herum. Hier wirkt es gleich ärmlich, die Rückseite ist grün gestrichen, gusseiserne Gitter fallen mir auf. Die gibt es auch vorne, aber da sticht das Angebot an leckeren Schlemmereien ins Auge. Aus der schmalen Tür treten zwei schwarze Jungs mit je einer Tüte Brot, begrüßen Otto mit einem fröhlichen «Hello, Mister, how are you?» Der Verkaufsraum sieht nicht einladend aus. Eine Verkäuferin sitzt fast wie in einer Bank hinter einer vergitterten Theke, reicht durch eine rechteckige Öffnung den Kunden das billige alte Brot vom Vortag. Torten gibt es hier keine.

ZURÜCK NACH OROMYA

Im November 1976 flog meine Familie nach Äthiopien zurück; ich war damals sieben Jahre alt. Auf einmal gab es fast nur noch schwarze Menschen um uns herum, wir fielen nicht mehr auf, waren sozusagen wieder normal! Wenigstens auf den ersten Blick.

Am Flughafen in Addis empfingen uns etliche Verwandte, mein Großvater, mehrere Onkel und Tanten waren gekommen. Alle freuten sich auf uns, das war eine tolle Begrüßung. Ein wenig befremdlich fanden mein Bruder und ich es allerdings auch, weil wir nach drei Jahren so gut wie niemanden mehr erkannten. Und da wir nur deutsch sprachen, verstanden wir kaum, was die Verwandten sagten – unsere Eltern mussten übersetzen. Trotzdem empfand ich in der großen fröhlichen Runde gleich ein Gefühl von Geborgenheit.

Auf dem Weg in die Stadt kam ich aus dem Staunen nicht heraus: Alles sah hier anders aus. Mein Bruder und ich mussten lachen, als wir Menschen sahen, die barfuß mit einem Stock in der Hand hinter Eseln herliefen. Es waren Händler, die ihre Waren wie Holz, Getreide oder Kaffee zum Markt brachten – das hatte es in Deutschland natürlich nicht gegeben!

Wir fuhren zu einer Tante, die recht wohlhabend war. Ihr Mann hatte unter Haile Selassie als General gedient, jetzt war er pensioniert. Die beiden wohnten in einem Haus, das mir im Vergleich zu unserer Dreizimmerwohnung in Osnabrück sehr groß und vornehm vorkam. Im Erdgeschoss war schönes Holzparkett verlegt, das gerade gebohnert worden war. Ein Mädchen schlitterte darauf mit Stofflatschen – um es zu polieren, wie mir meine Mutter erklärte. Einen so wunderbar glänzenden Boden hatte ich in Deutschland niemals gesehen!

Nach und nach erschienen noch mehr Verwandte. Onkel, Tanten, Cousins und Cousinen, ich hatte bald den Überblick verloren, aber ich fand es toll, eine so große Familie zu haben. Mein Bruder und ich standen im Mittelpunkt, weil alle neugierig auf die zwei Kinder aus Deutschland waren. Jeder kümmerte sich um uns, und niemand verlangte, dass wir leise und ruhig sein mussten.

Mein Onkel und meine Tante waren angesehene Leute. Wenn ich mit ihnen durch die Stadt lief, fiel mir jedes Mal von neuem auf, wie respektvoll sie begrüßt wurden. Und das warme Wetter – welch ein Geschenk nach den frostigen Jahren! Bei unserem Abflug aus Deutschland hatten die Bäume schon ihre Blätter verloren, doch hier, in der Nähe des Äquators, war nach der Regenzeit alles noch grün.

Kurz nach unserer Ankunft heiratete eine meiner Tanten. Es war eine große Hochzeit, aus dem ganzen Land waren Leute angereist. Sogar mein Onkel aus Frankfurt war mit seiner Familie gekommen. Eine lange Autokolonne fuhr hupend durch die Stadt. Die meisten Gäste waren traditionell gekleidet: Die Frauen trugen weiße Gewänder aus Baumwolle mit bunten Borten, mein Onkel hatte die amharische Tracht an und war ganz in Weiß. Wir Kinder waren richtig herausgeputzt worden und trugen Anzüge.

Zu essen gab es jede Menge leckere Speisen. Unser Nationalgericht sind Buddeena, eine Art Fladen, zu denen verschiedene Gemüse- und Fleischsaucen aus Lamm oder Hähnchen gereicht werden, die Ittoo heißen. Man zupft sich mit drei Fingern der rechten Hand ein kleines Stück Fladen, nimmt damit etwas von einer der vielen Saucen, und isst. Dazu durfte ich so viel Cola und Fanta trinken, wie ich wollte.

Nach dem üppigen Mahl spielten einige Musiker. Ich war von

all dem ganz berauscht. Mir kam das wie Luxus ohne Ende vor, ich schwebte vor Glück und dachte, das Leben würde von nun an ewig so weitergehen.

Gastronomisches Intermezzo

Leibgerichte aus meiner Heimat Oromya

Die Grundlage ist immer Buddeena – «Yared's spongy bread», sagt Julia dazu, und es sieht aus wie Pfannkuchen mit Löchern. Eigentlich ist es eine Art Fladen, der in Oromya aus Xaafii-Hirse oder Maismehl hergestellt wird (Xaafii heißt auf Amharisch Teff). In einigen Städten der USA und Kanadas, wie zum Beispiel Washington, Minneapolis, Toronto oder Ottawa, in denen viele Menschen aus Äthiopien leben, kann man Buddeena manchmal in Supermärkten kaufen. In Deutschland wird es aus Weiß-, Vollkorn- oder Maismehl und Hefe hergestellt. Man macht daraus einen flüssigen Teig, als wollte man Pfannkuchen backen, und lässt ihn mindestens eine Nacht ruhen, gern auch länger. Dann wird der Teig in einer zugedeckten, beschichteten Pfanne gebacken. Die runden und weichen Fladen können warm oder kalt gegessen werden.

Ittoo Foonii

Das ist ein Fleischgericht. Es besteht aus vielen Zwiebeln, die sehr fein geschnitten werden, doppelt so viel Rindfleisch, das auch klein geschnitten wird, und Gewürzen. Erst werden die Zwiebeln im trockenen Topf bei mittlerer Hitze unter ständigem Rühren angebraten, bis sie sehr weich und leicht braun sind. Falls sie am Boden ansetzen, gibt man etwas heißes Wasser dazu. Dann kommen Butter, scharfe Paprika, Tomatenmark und Salz hinzu und werden bei niedriger Hitze unter häufigem Rühren weiter gekocht. Etwas später fügt man geriebene Knoblauchzehen und Ingwer hinzu sowie das Fleisch, das bei mittlerer Hitze garen soll. Schließlich gibt man noch gemahlene Pfefferkörner, Kardamom- und Koriandersamen sowie Salz und heißes Wasser dazu und schaltet die Hitze herunter. Ittoo wird heiß mit Buddeena oder Fladenbrot, wie es in türkischen Lebensmittelgeschäften erhältlich ist, serviert.

Ittoo mit Buddeena gibt es bei uns jedes Mal, wenn wir uns mit der Familie treffen oder gemeinsam Feste feiern. Es ist ein Stück Heimat, das ich mit meinen Söhnen teile, und mittlerweile ist es eines ihrer Lieblingsgerichte geworden.

Raafuu

Raafuu ist eine Art Grünkohl. Das Gemüse wächst bei uns in den Gärten vieler Familien und wird immer frisch zubereitet. Die Raafuublätter werden sehr fein geschnitten, dann mit etwas Wasser und Salz gegart. Wenn das ganze Wasser verkocht und das Gemüse gar und trocken ist, kommen Butter oder Öl, Salz, geriebene Knoblauchzehen und Ingwer hinzu. Alle Zutaten werden gut miteinander verrührt, der Topf zugedeckt und bei niedriger Hitze weiter gegart.

Raafuu wird oft neben Dickmilch als Beilage zu Ittoo und Buddeena serviert. Raafuu und Dickmilch sind bei den Oromo sehr beliebt.

Die politische Lage in Äthiopien war jedoch extrem instabil. 1974, zwei Jahre vor unserer Rückkehr, war Kaiser Haile Selassie gestürzt worden. Das Militär übernahm die Macht und rief eine sozialistische Volksrepublik aus. Eine Übergangsregierung wurde gebildet, und erst sah es aus, als würden alle Gruppierungen, die gemeinsam gegen den Kaiser gekämpft hatten, sich daran beteiligen können. Alle Äthiopier, die im Ausland studierten, sollten zurückkommen, um am Aufbau des Landes mitzuarbeiten.

Meine Eltern wollten das gern tun. Deshalb sagte mein Vater sofort zu, als man ihm eine Stelle als General Manager beim Radiosender der evangelischen Mekane-Yesus-Kirche anbot. Seine neuen Aufgaben lagen ihm sehr, besonders die Einführung eines Radioprogramms, das in den Sprachen der verschiedenen Völker des Landes sendete. Zuvor waren alle Sprachen außer Amharisch, der äthiopischen Amtssprache, im Radio verboten.

Wir konnten weiter in der Hauptstadt wohnen, in einem Bungalow auf dem Gelände der Hermannsburger Mission im Viertel Gulale. Dort standen ein Hostel und weitere Bungalows für die Mitarbeiter. Die ersten zwei oder drei Tage verbrachten mein Bruder und ich damit, unsere neue Umgebung zu entdecken und die Nachbarn kennenzulernen. Wir freuten uns, dass auch Deutsche darunter waren, denn mit ihren Kindern konnten wir deutsch sprechen.

Währenddessen spitzte sich die politische Situation zu. Die verschiedenen Gruppierungen lieferten sich harte Machtkämpfe, bei denen das Militär immer mehr die Oberhand gewann. Unsere Eltern waren deswegen besorgt, doch sie ließen es uns nicht merken. Wir hatten den Eindruck, alles sei ganz friedlich und in bester Ordnung. Bis zu jenem Sonntag.

In der ganzen Stadt fanden Hausdurchsuchungen statt – so auch bei uns. Mein Bruder und ich schliefen noch, als früh morgens schwerbewaffnete Soldaten unser Haus umstellten. Von ungewöhnlichen Geräuschen geweckt, schlüpften wir aus dem Bett und gingen ins Wohnzimmer. Dort trafen wir auf unsere Eltern und einen Onkel, der zu Besuch war. Alle drei standen mit erhobenen Händen und dem Gesicht gegen die Wand. Ein Soldat mit einem Maschinengewehr bewachte sie, andere liefen durch das Haus und durchsuchten die Räume. Sie sprachen untereinander

Amharisch, wovon wir noch kein Wort verstanden, und benahmen sich, als sei es das Normalste von der Welt, in unser Haus einzudringen.

Mein Bruder und ich begriffen überhaupt nicht, was los war, und fragten unsere Eltern auf Deutsch, was die Soldaten bei uns wollten. «Nichts Besonderes, sie machen bloß ihre Arbeit», antworteten sie. «Geht ihr in euer Zimmer, wir holen euch gleich.» Da sie vollkommen ruhig blieben, bekamen wir keine Angst.

Neugierig musterte ich die Soldaten und ihre Waffen. Mir war keine Sekunde lang bewusst, dass wir alle in Lebensgefahr schwebten. Eine auch nur annähernd so bedrohliche Situation hatte ich niemals erlebt, also konnte ich sie nicht einordnen. Ich betrachtete das Ganze wie eine Szene aus «Bonanza» oder einem dieser Western, die ich im deutschen Fernsehen gesehen hatte. Kaum waren mein Bruder und ich in unserem Zimmer, spielten wir das nach, was nebenan stattfand. Mal waren wir die Soldaten, mal unsere Eltern, es war für uns ein neues, spannendes Spiel, und wir lachten viel dabei.

Die Soldaten interessierten sich nicht für uns. Sie verstanden auch nicht, was wir taten, weil wir nur deutsch miteinander sprachen. Bald zogen sie ab, ohne Waffen oder verdächtige Dokumente wie Flugblätter gefunden zu haben. Unsere Eltern ließen uns weiterspielen, auch nachträglich erklärten sie uns nicht, dass die Lage durchaus ernst gewesen war. Sie wollten uns nicht beunruhigen und vermieden es, in unserer Gegenwart über die politischen Verhältnisse zu sprechen. In diesen Zeiten hatte man allen Grund, sich vor Spitzeln und Denunzianten zur fürchten.

Mein Bruder und ich lebten uns schnell wieder ein. Zu Hause und mit unseren Verwandten sprachen wir Oromyfa, unsere Muttersprache, die bald zurückkehrte. Auch das Deutsche vergaßen wir nicht, wir besuchten die deutsche Schule, wo der Unterricht auf Deutsch stattfand. Uns gefiel es sehr gut, dass in der Klasse deutsche und äthiopische Kinder zusammen waren, die einen

Mein Bruder und ich noch in Osnabrück kurz vor unserer Abreise. Unsere Lederhosen hatten wir dorthin mitgenommen

ähnlichen Hintergrund wie wir hatten. Da die äthiopischen Amharisch sprachen und kein Oromo konnten, unterhielten wir uns sogar in den Pausen auf Deutsch. Zusätzlich lernten wir in der Schule Amharisch – unsere dritte Sprache.

«Tena yistilign indeminea», begrüßt mich viele Jahre später in San Francisco mein Interviewpartner Olof. Als er erfahren hat, dass ich gebürtiger Äthiopier bin, hat er sich die Mühe gemacht, einige Worte Amharisch zu lernen, und überrascht mich damit. Ich bin richtig gerührt und danke ihm dafür.

«Aber ich bin ein Oromo und spreche Oromyfa», erkläre ich. «Bei uns heißt es: atam djirta. Das bedeutet eigentlich ‹wie geht es dir›, und man sagt es den ganzen Tag, so wie wir auf Platt ‹moin, moin› sagen.»

Olof ist ein offener und gebildeter Mann, der sich für seine

Umwelt und seine Mitmenschen interessiert. Doch von den Oromo hat er noch nie gehört.

«Ich verstehe das nicht ganz», sagt er, «was sind denn die Oromo? Und was ist Äthiopien für euch?»

Diese Frage stellt man mir immer wieder, und um sie zu beantworten, muss ich ein wenig ausholen. Äthiopien liegt im Nordosten von Afrika, umgeben von Sudan, Kenia, Somalia, Djibuti und Eritrea. Es ist dreimal so groß wie Deutschland und hat annähernd so viele Einwohner: etwa achtundsiebzig Millionen. Die größte Bevölkerungsgruppe stellen die Oromo mit ungefähr fünfunddreißig Prozent, gefolgt von den Amharen mit achtundzwanzig Prozent; darüber hinaus gibt es viele andere Volksgruppen und an die achtzig verschiedene Sprachen und Dialekte.

Unter Kaiser Haile Selassie wurden die Oromo von den Amharen unterdrückt, ihre Kultur und ihre Sprache waren geächtet. Oromyfa durfte nicht in den Schulen unterrichtet werden, und alles Offizielle musste auf Amharisch geschehen. Dennoch sprachen Millionen Oromo weiterhin Oromyfa miteinander, und die Regierung konnte nicht verhindern, dass sie ihren Kindern ihre Kultur weitergaben.

Wie konnte es überhaupt geschehen, dass die Amharen die Oberhand über die Oromo erlangten, obwohl diese doch die größere Bevölkerungsgruppe sind? Die Ursachen dafür reichen wie so oft in die Zeit des Kolonialismus zurück. Die europäischen Mächte, die den afrikanischen Kontinent unter sich aufteilten, versuchten, im Land an Einfluss zu gewinnen, indem sie die abessinischen Herrscher wirtschaftlich und militärisch unterstützten. Zu Abessinien gehörten die Völker aus dem Norden des heutigen Äthiopiens, die Amharen und die Tigre.

Die Oromo hingegen siedeln im Zentrum, Süden und Westen. Sie waren ein freies Volk, organisiert nach dem Gada-System. Dies ist eines der ältesten demokratischen Systeme, das jemals durch eine Gesellschaft mit mündlicher Überlieferung entwickelt wurde. Gada teilt das Leben eines jeden Mannes in verschiedene Phasen ein. In jeder Phase lernt er etwas oder hat bestimmte Aufgaben zu erfüllen. Zwischen dem einundvierzigsten und dem achtundvierzigsten Lebensjahr darf er öffentliche Ämter übernehmen, die nach einem Rotationsprinzip übertragen werden. Danach steht er seinen Nachfolgern als Lehrer und Berater zur Verfügung.

In den Oromo-Gebieten findet man Bodenschätze wie Gold, Platin und Nickel. Daran waren die Europäer sehr interessiert, vor allem die Italiener und die Briten. Von diesen dazu aufgefordert, eroberte der abessinische Kaiser Menelik II. die südlichen Territorien. So wurden Ende des 19. Jahrhunderts unzählige Oromo mit Waffen aus Europa niedergemetzelt, versklavt oder verkauft.

Ganz Äthiopien stand nun unter amharischer Herrschaft, und im 20. Jahrhundert wurde sie durch Haile Selassie weiter verfestigt.

Während der gesamten Epoche des Kolonialismus verteidigte Äthiopien erfolgreich seine Unabhängigkeit. Erst 1935 gelang es den Italienern unter Mussolini, das Land für einige Jahre ihrem Kolonialbesitz anzugliedern. Sie vertrieben zwar den Kaiser, doch den äthiopischen Widerstand konnten sie trotz drakonischer Maßnahmen nicht ausschalten. Und für die Oromo brachte die italienische Besatzung nicht die erhoffte Befreiung.

Im Zweiten Weltkrieg wurde Äthiopien zum Kriegsschauplatz zwischen Italienern und Engländern. 1941 mussten die Italiener das Land räumen, und Haile Selassie kehrte zurück. Während der fünf Jahre Krieg hatten siebenhunderttausend Äthiopier ihr Leben auf dem Schlachtfeld, bei Massenerschießungen und durch Giftgaseinsätze verloren.

Die lange Unterdrückungsgeschichte der Oromo kannte ich als Kind nicht. Mir war damals auch nicht bewusst, dass die Oromo zusammen mit den Studenten, den Bauern und allen anderen gegen die Alleinherrschaft von Haile Selassie gekämpft hatten. Und natürlich machte ich mir noch keine Gedanken über

«Nationalität» oder «Heimat». Aber eines wusste ich: Dass wir Oromo eine eigene Sprache und eine eigene Kultur hatten, auf die wir stolz sein konnten.

Während unserer ersten Wochen in Addis war trotz der politischen Spannungen noch vieles möglich. So organisierten mehrere Oromo-Gruppen aus verschiedenen Regionen eine Großveranstaltung im Stadttheater. Mein Vater war an diesem Tag beruflich unterwegs, doch meine Mutter ging mit meinem Bruder und mir dorthin.

Auf der Bühne traten Männer und Frauen in traditioneller Kleidung auf, die mit einem ungeheuren Selbstbewusstsein sangen und tanzten. Ich war hingerissen. Besonders faszinierten mich die Stärke und die Lebensfreude, die sie ausstrahlten. Bald schon ließen mein Bruder und ich uns anstecken: Begeistert tanzten und sangen wir mit. Für uns war es vermutlich wie für einen Jungen in Deutschland im selben Alter, der bei seinem ersten Riesenpopkonzert Michael Jackson oder einen ähnlichen Star erlebt.

Doch was wir da erlebten, war bei weitem keine harmlose folkloristische Veranstaltung. Es war ein Politikum. Eine geächtete Kultur zeigte sich in all ihren Facetten auf einer offiziellen Bühne in der Hauptstadt. Als wir euphorisch das Theater verließen, kauften wir Kassetten mit den Liedern, die mein Bruder und ich bald auswendig kannten. In den folgenden Wochen sangen wir sie ständig rauf und runter und ahnten nicht, dass sich der Wind für die Oromo längst wieder gedreht hatte. Die Militärregierung verfolgte die Organisatoren der Veranstaltung, einige gingen in den Untergrund, andere mussten das Land verlassen.

Anfang 1977 fand in Addis eine riesige Demonstration statt. Die Regierung forderte die Bewohner auf, daran teilzunehmen, pro Familie sollte ein Vertreter erscheinen. «Darf ich mitgehen?», fragte ich meinen Vater. Er hielt kurz Rücksprache mit meiner Mutter. «Warum nicht, wenn es dich interessiert», antwortete

Das Militär geht in Addis Abeba gegen Demonstranten vor

er dann. «Aber es werden viele Menschen da sein, also pass auf, dass du bei mir bleibst.»

Wir machten uns auf den Weg in die Innenstadt zum Platz der Revolution. Ich ging neben meinem Vater, fühlte mich sehr erwachsen, weil ich dabei sein durfte. Es war beeindruckend, so viele Leute hatte ich noch nie auf der Straße gesehen, und alle liefen wie wir zur Demonstration. Bald waren wir mittendrin in einer unvorstellbaren Menschenmenge. Die Stimmung war angespannt, aber ruhig. General Teferi Banti, das Staatsoberhaupt der Übergangsregierung, hielt eine Rede, in der er von Versöhnung zwischen den Parteien sprach. Er gehörte zwar zum Militär, galt aber als Vertreter der gemäßigten Fraktion.

Plötzlich fielen Schüsse. Soldaten, die auf den Dächern postiert waren, hatten Verdächtige in der Menge entdeckt und auf sie geschossen, obwohl sie nichts getan hatten. Panik brach aus, Menschen liefen in alle Richtungen, ich hatte eine solche Angst, dass ich auch um mein Leben rennen wollte. Aber mein Vater hielt meine Hand fest und bremste mich. Er ging mir viel zu langsam, wahrscheinlich absichtlich: einerseits um mich zu beruhigen, andererseits weil er durch kopfloses Rennen nicht die Aufmerksamkeit der Soldaten auf uns ziehen wollte.

«Papa, Papa, bitte, lass uns schneller laufen», flehte ich ihn an, als wieder geschossen wurde. Endlich beschleunigte er seinen Schritt, führte mich zur Seite weg von den Hauptstraßen und durch kleine Nebenstraßen aus der Gefahrenzone. Nach einer Weile erreichten wir das Haus meines Großvaters, wo wir Stunden warteten, bis sich die Lage beruhigt hatte.

Kurz darauf wurde Teferi Banti ermordet. Wenige Tage später, am 11. Februar 1977, ergriff Mengistu Haile Mariam nach einem weiteren Putsch die Macht und setzte eine kommunistische Regierung durch. Die Zeit des Roten Terrors hatte begonnen.

Ein Teil der Befreiungsbewegung ging in den Untergrund und leistete bewaffneten Widerstand. Auf den Straßen patrouillierten jetzt Jeeps mit Geschützen; im Stadtzentrum waren ständig Milizen unterwegs, die nach Oppositionellen suchten und ohne Vorwarnung auf Verdächtige schossen. Nachts und abends hörten wir manchmal Gefechtslärm, noch allerdings so weit weg, dass ich mich nicht bedroht fühlte.

Doch eines Tages gab es eine Schießerei auf dem Missionsgelände direkt vor unserem Haus. Mein Bruder und ich fürchteten uns so sehr, dass wir uns im Schlafzimmer der Eltern unters Bett verkrochen. Als alles vorbei war, trauten wir uns noch lange nicht aus unserem Versteck heraus.

Es kam noch schlimmer. Im April musste ich zwei Wochen in einem Krankenhaus verbringen, das in der Innenstadt lag, wo es immer noch am gefährlichsten war. Ich konnte dort nicht schlafen, jede Nacht hörte man Schüsse ganz in der Nähe, manchmal sogar bis zum Morgengrauen, und oft auch nicht bloß von Gewehren, sondern von schweren Geschossen.

In meinem Zimmer waren wir zu acht, ich war das einzige Kind. Zwei oder drei der anderen Patienten gehörten zur Armee und hatten Schussverletzungen. Einmal kamen Soldaten herein, die nach politischen Gegnern suchten. Ich lag in meinem Bett, beobachtete das Geschehen und wusste nicht, ob ich mich vor ihnen fürchten oder sie bewundern sollte.

Das Zimmer befand sich in einem der oberen Stockwerke des Krankenhauses. Eines Tages stand ich am Fenster und schaute hinunter. Vor dem Hochhaus gegenüber waren jede Menge Soldaten versammelt. Plötzlich hörte ich Schüsse, kurz darauf fiel ein Mann aus dem Hochhaus und blieb tot auf der Straße liegen. Erst dachte ich, er sei nur gestürzt. Viel später erfuhr ich, dass er ein wichtiger Oppositionspolitiker gewesen war – und ich Augenzeuge seiner Ermordung.

Nach diesem furchtbaren Erlebnis wuchs meine Angst immer mehr. Ein wenig gelindert wurde sie nur dadurch, dass stets mein Vater, meine Mutter oder ein anderes Familienmitglied bei mir blieb, auch nachts. Und ich fand Trost und Hilfe in einem Buch. Es hieß «Kindergebete an den lieben Gott». Ich war bisher zwar mit meinen Eltern manchmal in die Kirche gegangen und hatte die Gebete mitgesprochen, ohne mir jedoch dabei etwas zu denken. Jetzt begann ich wirklich zu beten.

In diesen Schreckensnächten wurde Gott für mich ein Helfer, ein Retter. Etwas Großes, das auf mich aufpasste. «Wenn ich an ihn glaube und zu ihm bete, wird er mich beschützen», dachte ich. So betete ich jeden Morgen und jeden Abend, dass wir Äthiopien verlassen. Ich betete, dass wir nach Deutschland gehen. Dort gab es keinen Terror, dort wurde nicht geschossen, dort würden wir endlich wieder in Frieden und Sicherheit leben.

GOTT UND DIE WELT

What the hell are you going to do in Kansas?», fragt der US-Zöllner, als wir landen. Er kann sich nicht vorstellen, was ein deutsches Fernsehteam in diesem Staat will, «in the middle of nowhere», frei übersetzt: «wo sich Fuchs und Hase gute Nacht sagen».

An der Motelrezeption empfängt uns eine blasse Frau um die vierzig, die Kette raucht und uns anschaut, als kämen wir vom Mond. Europa? Für sie ist das ein blinder Fleck auf der Landkarte, wie eigentlich der gesamte Rest der Welt. Sie ist in Marysville geboren, einem Städtchen mit fünftausend Einwohnern; man braucht nur fünf Minuten, um mit dem Auto von einem Ende zum anderen zu kommen. Und sie hat diesen Ort nie verlassen, nicht einmal, um einen Abstecher in die nächste Großstadt zu machen.

Im Motel scheint die Zeit seit Ende der sechziger Jahre stehen geblieben zu sein. Das Mobiliar sieht danach aus, es riecht auch altertümlich nach einem künstlichen Apfelduft. Vom Zimmer aus sind keine Auslandsgespräche möglich, aber, oh Wunder, es gibt eine funktionierende Internetverbindung. So kann ich mit meiner Familie über Skype sprechen – und sie sogar sehen.

Wenn ich lange unterwegs bin, ist es wunderbar, die Gesichter meiner Familie vor mir auf dem Bildschirm zu haben. Meine Söhne zeigen mir Bilder, die sie gerade gemalt haben, erzählen von ihren letzten Erlebnissen. Es wärmt mein Herz, an ihrem Alltag doch ein wenig teilhaben zu können. «Papa im Computer» – im dritten Jahrtausend macht die moderne Technik Wunder möglich: Ich bin weg und doch präsent.

Davon hätten die deutschsprachigen Auswanderer früherer Jahrhunderte nur träumen können: Mal eben per Mausklick mit den Verwandten daheim Auge in Auge zu schnacken. Allerdings verließen sie ihre Heimat aus denselben Gründen wie heute Menschen aus Osteuropa, Afrika oder Asien. Selten war es die reine Abenteuerlust, meist floh man vor materiellem Elend, Kriegen, religiöser oder politischer Verfolgung, fehlenden Lebensperspektiven.

Im 18. Jahrhundert zwangen Hungersnöte hierzulande ganze Scharen von Armen, anderswo nach einer Zukunft für sich und ihre Familien zu suchen. Das war sozusagen eine «Massenmigration von Wirtschaftsflüchtlingen», die es mancherorts allerdings besser hatten als die heutigen Flüchtlinge, denn sie konnten genug Land erwerben, um sich ein neues Leben aufzubauen. Man stelle sich vor, die Flüchtlinge, die nach Europa kommen, erhielten bei ihrer Ankunft erst einmal einen Hektar Land!

Die deutschen Auswanderer des 18. und frühen 19. Jahrhunderts zog es vor allem nach Ost- und Südosteuropa. Dorthin gingen zwischen vierhunderttausend und fünfhunderttausend Menschen, nach Nordamerika nur etwa hunderttausend. Das änderte sich im Laufe des 19. Jahrhunderts, ebenso wie der Anteil der Herkunftsregionen. Stellten Menschen aus dem Südwesten in der ersten Jahrhunderthälfte noch die größte Auswanderergruppe, waren es in der zweiten Hälfte die aus dem Norden, vor allem dem Nordosten. Insgesamt wanderten zwischen 1820 und 1890 in mehreren großen Wellen etwa fünf Millionen Deutsche aus, davon gingen neunzig Prozent in die USA. Heute sind dort circa dreiundzwanzig Prozent der Einwohner deutscher Herkunft, wenn man alle Deutschsprachigen wie die Österreicher und die Schweizer dazu zählt, sind es noch mehr.

In Kansas liegt der Anteil der Deutschstämmigen sogar um zweiunddreißig Prozent. Dort gründeten die Siedler Orte, die sie Hanover, Dresden, Stuttgart oder Bremen nannten, und blieben erst einmal unter sich. Sie bildeten eine Art Parallelgesellschaft: Zu Hause sprachen sie ihre Heimatdialekte, sie hatten eigene Schulen und eigene Kirchen, in denen auf Hochdeutsch unterrichtet und gepredigt wurde. Allein im Staat Kansas erschienen an die hundertzwanzig deutschsprachige Zeitungen. Eine der größten war die «Kansas Zeitung», sie nannte sich, «ein Organ für freies Wort, freien Boden und freie Männer» und setzte sich gegen die Sklaverei ein.

Seit dem Anfang des 20. Jahrhunderts hat sich das geändert. Heute sprechen die meisten Deutschstämmigen in Amerika nur noch Englisch. Doch an vielen Orten findet man Menschen, die eine starke Verbindung zur alten Heimat haben und sich regelmäßig treffen, um miteinander deutsch zu reden. Oder platt zu schnacken.

Einer, der sämtliche Plattschnacker in Kansas kennt, ist Dr. Scott Seeger, ein junger Amerikaner mit deutschen und japanischen Wurzeln. Die Eltern seiner Mutter kamen um 1920 aus Japan, die Eltern seines Vaters aus Bayern. Er selbst hat in Amerika Germanistik studiert und seine Doktorarbeit über das Verschwinden der deutschen Dialekte geschrieben – wobei Plattdeutsch kein Dialekt, sondern eine Sprache ist.

Seine Recherchen weckten das Interesse eines Redakteurs der «Washington County News», dessen Vater platt gesprochen, ihm aber kein Wort beigebracht hatte. «In einer Generation wird alles weg sein», schrieb er in einem Artikel über Scott Seeger.

Doch er hatte sich geirrt. Viele Plattschnackende meldeten sich; ein Treffen fand in Hanover, Kansas, statt, zu dem an die Hundert Menschen kamen, manche sogar aus Nebraska. Und jetzt lernen sie Platt miteinander. Wer es noch fließend kann, bringt es den anderen bei, und die Kurse sind erstaunlich gut besucht.

«Vor dreißig oder vierzig Jahren wären nur fünf Leute da zusammengesessen», sagt der achtzigjährige Don. «Aber jetzt fangen die Menschen an, sich für ihr kulturelles Erbe zu interessieren. Sie wollen die Sprache lernen und auch wissen, wie ihre Vorfahren viele Jahre zuvor gelebt haben.»

Don ist ein «Local Hero» in seiner Gegend, ein Großgrundbesitzer, der einen Cowboyhut aus Stroh trägt, und ein engagierter Plattschnacker, der seine deutschen Wurzeln pflegt. Eine weitere Leidenschaft hat er: alte Autos. Sein Ford Tin Lizzy, seine Blechliesl, ist aus dem Jahr 1914, von dem Modell hat Henry Ford an die fünfzehn Millionen gebaut. Bis in die siebziger Jahre war es das meistverkaufte Auto der Welt, dann wurde es vom VW Käfer überholt.

Dons schwarzer Oldtimer hat ein Steuerrad aus Holz und muss per Hand angekurbelt werden, ich freue mich sehr, dass Don ihn mir für eine kleine Spritzfahrt mit Scott anvertraut. Ob er es tun würde, wenn ich nicht platt mit ihm schnacken könnte?

«Scott, hier in Kansas gab es früher Cowboys, die platt geschnackt haben ...»

«Ja, klar. Bis zu vierzig Prozent der Bevölkerung sprachen deutsch, platt, bayerisch oder sonstige deutsche Dialekte zu Hause und bei der Arbeit. Anfang des Jahrhunderts ging das rasch zurück. Als die ersten Autos kamen, kaufte sich bald jeder Bauer eines und fuhr in die Stadt zum Einkaufen – dort musste er sich auf Englisch verständigen ...»

«Henry Ford ist also schuld?»

«Zum Teil schon.»

Die zunehmende Mobilität hat die deutschstämmige Dorfgemeinschaft geöffnet, der erste Weltkrieg antideutsche Gefühle in Amerika geschürt. Bald durfte der Unterricht in den Schulen nur noch auf Englisch stattfinden. Die Kinder wuchsen zweisprachig auf, ihre Eltern aber waren es oft noch nicht. Davon erzählt mir Martha, eine zierliche und flotte Oma von achtzig Jahren, die Platt mit einem süßen amerikanischen Akzent spricht.

Mit Don und seiner Frau

«Mein Vater konnte sehr wenig Englisch. Er war Bauer, und wenn er in die Stadt zum Einkaufen musste, nahm er mich mit, weil ich für ihn übersetzen sollte.» Das war in den dreißiger Jahren, Martha war damals etwa zehn Jahre alt. «Zu Hause mit meinen Eltern und meinen Großeltern sprachen wir nur Platt. Hochdeutsch habe ich nie gelernt.»

Aber ihr Vater hat ihr Akkordeon beigebracht. Seit sie acht Jahre alt ist, spielt sie amerikanische und deutsche Lieder.

«Kennst du die Loreley, Yared? ‹Ich weiß nicht, was soll es bedeuten, dass ich so traurig bin ...›»

Sie fängt an zu spielen. Traurig klingt das Heine-Lied unter ihren Händen nicht. Martha ist zufrieden mit ihrem Leben und hat keine Sehnsucht nach Deutschland. Warum auch, sie ist in Kansas geboren, hat immer nur hier gelebt. Aber sie schätzt die deutsche Sprache und Kultur, freut sich, wenn Gäste aus Deutschland sie besuchen. Im Supermarkt kauft sie Schwarzbrot, das weiche amerikanische Weizenbrot mag sie überhaupt nicht.

Als ich mit ihr im «Sonic Drive-In» einen leckeren Toast mit Truthahn esse, frage ich sie, ob es stimmt, dass die Amerikaner sich vor allem von Fastfood, von Burgern mit Pommes, ernähren.

«Das mag bei den englischen Amerikanern stimmen, aber nicht bei den deutschen. Sie essen Kartoffeln. Ich muss jeden Tag meine Kartoffeln haben, sonst fühle ich mich, als hätte ich nichts gegessen. Vermutlich bin ich auch nur deswegen achtzig Jahre alt geworden ...»

Gekochte Kartoffeln und keine Pommes, das klingt richtig deutsch. Genauso wie übrigens das Kernstück des amerikanischen Fastfood, der Hamburger: Ihn sollen die Norddeutschen eingeführt haben. Doch etwas, was den Siedlern aus Deutschland mindestens so wichtig wie Nahrung war, haben sie zweifellos in die Fremde mitgebracht: ihre Religion.

Überall, wo sie sich niederließen, bauten sie bald eine Kirche. Es gibt in Kansas sehr viele Gotteshäuser, und sie stehen immer noch im Mittelpunkt des gesellschaftlichen Lebens. Am Sonntag zieht man sich fein an und fährt nicht mehr mit dem Karren hin, sondern mit der frischgewaschenen Limousine: um Gottes Wort zu hören, Freunde und Nachbarn zu treffen und die neuesten Nachrichten zu diskutieren. Die Menschen in Kansas verfolgen sehr genau die Börsenkurse, wissen, wie der Weizen steht und wann sie am besten ihre Ernte verkaufen können.

«Bei uns ist der Glaube sehr wichtig», sagt Don. «In Deutschland scheint es anders zu sein. Wir haben im letzten Sommer unsere Verwandten dort besucht, und mir schien, dass Gott ihnen nicht so sehr viel bedeutet. Vielleicht sollten wir mal wieder zurückkehren und ein bisschen dort missionieren ...»

Er lacht. Und ist doch ein bisschen ernst dabei. Er bewahrt im Herzen die Geschichte seiner Ahnen, hängt einer Vergangenheit nach, die nicht mehr existiert. Das moderne Deutschland ist ihm fremd geworden.

ROTER TERROR UND ALLTAG

Kleines Gespräch in Kansas nach dem Dreh.

«Yared, glaubst du eigentlich an Gott?», fragt meine Interviewpartnerin, eine herzliche ältere Dame.

«Ja!», antworte ich.

«Welche Religion hast du denn?», fragt sie weiter.

«Evangelisch-lutherisch», gebe ich brav Auskunft.

«Gott sei Dank!», stöhnt sie erleichtert auf. «Ich dachte schon, du seiest Moslem!»

«Aber auch die Moslems glauben an Gott», sage ich, «wir glauben doch alle an denselben Gott.»

«Nein, das stimmt nicht, die Mohammedaner, die glauben doch an Buddha!»

Die traditionelle Oromo-Religion kennt einen einzigen Gott, Waaqayyo. Er ist die Quelles des Lebens und der Schöpfer von allem, was existiert; er ist unendlich, überall präsent und gütig, sorgt für das Gleichgewicht in der Schöpfung, in materiellen und spirituellen Bereichen wie unter den Menschen. Diesem Glauben zufolge, müssen zwischen Männern und Frauen, Jungen und Alten, eigentlich zwischen allen Menschen Gleichgewicht und Gerechtigkeit herrschen. Gerät diese Ordnung durcheinander, droht Unfrieden und Chaos.

Im Laufe der letzten Jahrhunderte sind viele Oromo Moslems oder Christen geworden, kombinieren diese Religionen jedoch oft mit der Gada-Ordnung und dem Glauben an Waaqayyo. Es ist nicht ungewöhnlich, in einer Familie traditionelle Oromo,

Moslems und Christen von den unterschiedlichsten Kirchen versammelt zu sehen.

In den siebziger Jahren kamen zu der religiösen Vielfalt die unterschiedlichsten ideologischen Überzeugungen hinzu. Was die Oromo verband, waren ihre Sprache und ihre gemeinsame Kultur. Aber abgesehen davon, waren manche kaisertreu, andere Anhänger des sowjetischen Systems oder Maoisten, wieder andere engagierten sich nur für die Befreiung ihrer Landsleute. Unter diesen gab es sowohl strenge Pazifisten wie Befürworter eines bewaffneten Kampfes. Kurzum, wie bei anderen Völkern waren bei den Oromo alle möglichen politischen Richtungen vertreten.

Doch in der Zeit des Terrors brachte das viele Oromo-Familien in Schwierigkeiten. Denn unter Mengistu, der selbst Amhare war, gerieten sie schon in Gefahr, wenn bekannt wurde, dass sich ein Angehöriger dem Widerstand angeschlossen oder sich überhaupt nur ins Ausland abgesetzt hatte.

In dieser kommunistischen Diktatur galten sehr viele Menschen von vornherein als verdächtig, und mein Vater gehörte zu ihnen, weil er in einem kirchlichen Sender in einer verantwortungsvollen Position arbeitete. Er hatte damit eine wichtige öffentliche Funktion und Zugang zu den Medien, allein schon deswegen wurde er von der Regierung mit besonderem Misstrauen betrachtet. In seinen eigenen Radiosendungen äußerte er sich zwar immer vorsichtig, trotzdem sagte er manches, was der Regierung nicht gefiel.

Als der Sender verstaatlicht wurde, verlor er wie alle anderen Verantwortlichen seine Arbeit. Eine Zeitlang stand er unter Beobachtung und wurde überprüft, dann erlaubten ihm die Behörden, sich wieder eine Anstellung bei der Kirche zu suchen, die er auch gleich fand. Von alldem erfuhren mein Bruder und ich nichts. Mitte 1977 verkündeten jedoch unsere Eltern eine Neuigkeit:

«Wir ziehen nach Makkanissa um.» Das ist zehn Kilometer entfernt von Addis' Innenstadt. «Wir haben dort ein Diensthaus in einem anderen Missionsgelände bekommen, ein sehr schönes Haus in einer ruhigen Gegend. Es wird uns allen dort gut gehen.»

In der Tat fühlte ich mich dort von Anfang an sehr wohl und sicher. Von den Unruhen, die in der Innenstadt weiter stattfanden, bekamen wir fast nichts mehr mit. Wir hatten bereits aufgehört, die deutsche Schule zu besuchen, als sie wie der kirchliche Sender und viele andere Institutionen verstaatlicht worden war. Ein Dreivierteljahr lang unterrichtete unsere Mutter meinen Bruder und mich zu Hause. Als Krankenschwester wollte sie nicht arbeiten, denn man hätte sie sofort in ein Krisengebiet geschickt.

Davon gab es damals in Äthiopien gleich mehrere. Im Sommer 1977 hatte der Ogaden-Krieg mit Somalia begonnen. Ein Grenzkonflikt, der zugleich als einer der vielen Stellvertreterkriege in der Ära des Ost-West-Konflikts geführt wurde. Zu Haile Selassies Zeit waren die Amerikaner auf der äthiopischen Seite gewesen und die Sowjetunion auf der somalischen. Nach der äthiopischen Revolution tauschten sie auf einmal die Seiten. Zudem tobte ein Bürgerkrieg zwischen der äthiopischen Regierung und den Befreiungsbewegungen Eritreas, der Oromo, der Tigre und anderer ethnischer Gruppen.

Unsere Eltern hätten meinen Bruder und mich gern weiter zu Hause behalten und selbst unterrichtet. Doch irgendwann ging das nicht mehr, daher meldeten sie uns an einer sehr großen Schule in der Innenstadt an. Das war die nächstgelegene, in Makkanissa selbst gab es leider keine. Wir konnten nicht zu Fuß hingehen, es fuhr auch kein Schulbus, deshalb organisierte mein Vater seinen Zeitplan so, dass er uns hinbringen und auch wieder abholen konnte. Er musste ohnehin jeden Morgen mit dem Wagen zu seiner neuen Stelle in die Innenstadt fahren. Ich wusste ja, wie es dort manchmal zuging, und war immer froh, wenn er abends unversehrt nach Hause kam.

Tatsächlich waren meine Ängste nicht unberechtigt. Als mein

Vater uns eines Morgens zur Schule brachte, schaute ich wie immer aus dem Fenster, beobachtete die Händler mit ihren Eseln und ihren Waren, das Treiben der Leute, die Richtung Stadt liefen. Es schien ein ganz normaler Tag zu sein. Nach einigen Kilometern sah ich plötzlich Menschen leblos am Straßenrand liegen. Auf ihren Körpern lagen kleine Plakate mit der Aufschrift «Der Rote Terror siegt!» Ich erkannte die Plakate sofort, da sie an vielen Wänden hingen. Das war ein schauderhafter Anblick, den ich nie vergessen werde.

Mein Bruder und ich waren in dieser Zeit ständig müde. Das lag daran, dass wir beide noch vor der Schule zur militärischen Früherziehung gehen mussten. Vom siebten Lebensjahr an war es für alle Jungen in der Gegend Pflicht, daran teilzunehmen. So indoktrinierte die Armee Kinder und Jugendliche und bereitete sie auf militärische Einsätze vor.

Das hieß, morgens um vier Uhr aufzustehen, um gegen fünf auf dem Übungsplatz zu sein. Wir mussten mit Holzgewehren marschieren, auch Nahkampfübungen machen und dabei die ganze Zeit revolutionäre Parolen rufen, nicht zuletzt Schlachtrufe gegen die Somali. Die Ausbilder ließen uns immer wieder bis zur vollkommenen Erschöpfung marschieren. Ihnen war es egal, dass wir um acht Uhr in die Schule gehen mussten, für sie zählte nur hartes Militärtraining.

Lange hielten wir es nicht aus, denn es war eine wahnsinnige körperliche und seelische Belastung, und auch für unsere Eltern war die Situation unerträglich. Aber wir schienen keine andere Wahl zu haben. Schließlich beschlossen sie vorzugeben, dass wir krank seien, damit wir nicht mehr zu den Übungen mussten.

Kurz darauf spielte ich gerade draußen mit meinem Bruder, als ich fünf Soldaten mit Maschinenpistolen zu unserem Haus hochkommen sah. Mir war sofort klar, dass sie nichts Gutes im Schilde führten.

Urkunde über den Abschluss der militärischen Ausbildung

«Lass uns schnell hier verschwinden», sagte ich zu meinem Bruder.

Wir rannten ins Wohnzimmer. Von dort führte eine Treppe hinunter zu einer Art Souterrain, wo wir uns versteckten. Mein Vater begrüßte die Soldaten und fragte höflich, was er für sie tun könne.

«Wir suchen den Revolutionsgegner Yared Terfa», rief der Zugführer mit strenger Stimme. «Er soll hier wohnen.»

Yared Terfa ist mein Geburtsname. Nach Oromo-Recht bekommen die Kinder den Vornamen des Vaters als Nachnamen. Und da mein Vater Terfa Dibaba heißt, bin ich Yared, der Sohn des Terfa. Er selber ist Terfa, der Sohn des Dibaba. Als wir in Deutschland einen Fremdenpass ausgestellt bekamen, dachte man auf dem Amt, dass Dibaba unser Familienname sei, deshalb hieß ich automatisch Yared Dibaba. Um dann alle Namen führen zu können, habe ich mich bei meiner Einbürgerung in Yared

Terfa Dibaba umbenennen lassen – ein oromo-deutscher Kompromiss.

Als ich nun meinen Namen hörte, dachte ich, sie wollten mich verhaften und ins Gefängnis werfen. Doch mein Vater lachte.

«Ja, er wohnt hier. Yared ist mein Sohn, aber der Junge ist erst acht Jahre alt ...»

Er wusste, wo wir waren, und rief laut nach mir. Ich kam zitternd aus dem Haus, bestätigte, dass ich Yared Terfa sei. Der Zugführer schüttelte den Kopf, als sei es ihm peinlich, dass er mit fünf schwerbewaffneten Soldaten ein Kind abholen sollte.

«Sie sollen aber mit ihm bei der Gemeindeverwaltung erscheinen, um die Angelegenheit in Ordnung zu bringen», sagte er, bevor er mit seinen Männern abzog.

Als wir ein paar Tage später dorthin gingen, hatte ich große Angst. Meine Eltern versuchten, mich zu beruhigen, obwohl sie selbst nicht wussten, was uns bevorstand.

«Sie sehen, dass unser Sohn nur ein Kind ist», erklärte mein Vater dem Beamten. «Ihm ging es in letzter Zeit nicht gut.»

«Schon gut», brummte der Beamte. «Ich werde das Verfahren gegen ihn stoppen, aber unter einer Bedingung: Sobald der Junge gesund ist, muss er wieder zur militärischen Früherziehung.»

Wir versprachen es. Warum sie nur nach mir und nicht nach meinem Bruder gesucht hatten, erklärten sie nicht, wir fragten auch nicht nach. Jedenfalls fügten wir uns und nahmen wieder an den Übungen teil. Insgesamt sieben Monate lang dauerte das Militärtraining. Danach bekamen wir offizielle Ausweise, dass wir die Ausbildung erfolgreich absolviert hatten.

Alles in allem erinnere ich mich sehr gern an die Zeit in Makkanissa. Oft konnte ich dort ganz sorglos sein. Wir hatten eine Kinderbande, sieben Jungen und Mädchen, das war ein toller Haufen. Ständig waren wir zusammen, haben Fußball gespielt, Affen und Geier am Fluss gejagt, auch Schlangen getötet. Wir fühlten uns stark und frei.

Mit meinem Bruder und einem Freund am Langano-See

Unsere Eltern sorgten immer dafür, in unserem Alltag so viel Normalität wie möglich zu erhalten und uns schöne Erlebnisse zu schenken. Eines Tages erfuhr unser Vater, dass am folgenden Sonntag eine große Militärparade in Addis stattfinden sollte. Bei solchen Ereignissen wurde die Bevölkerung aufgefordert, daran teilzunehmen. Es nicht zu tun und zu Hause zu bleiben galt als Provokation. Dennoch wollten unsere Eltern nicht hingehen. So beschlossen sie, dass wir einen Ausflug über das ganze Wochenende machen würden.

Schon am Freitag brachen wir auf und fuhren ungefähr zweihundert Kilometer nach Süden zum Langano-See – für mich einer der schönsten Plätze Oromyas. Der See liegt tausendfünfhundertzweiundachtzig Meter über dem Meeresspiegel, er ist dreiundzwanzig Kilometer lang und bis zu sechzehn Kilometer breit: Man blickt auf eine endlos weite, rotbraune Wasserfläche und kann unzählige wunderschöne Wasservögel beobachten.

Der Langano-See ist ein beliebter Ausflugsort. Überall am

Ufer tummelten sich Gruppen von Menschen, die ebenfalls das Wochenende in der freien Natur und weit weg von der Militärdemonstration verbringen wollten. Wir waren mit Verwandten unterwegs – zusammen vielleicht fünfzehn oder zwanzig Leute –, schliefen in Zelten, angelten Fische, die wir am Strand grillten und aßen. Davon träume ich heute noch oft. Und von einer anderen, längeren Reise, die ich allein mit meinem Vater unternahm.

Es gehörte zu seiner Arbeit für eine kirchliche Entwicklungshilfeorganisation, verschiedene Projekte an Ort und Stelle zu besuchen und die Menschen dort bei Trinkwasser- und Bewässerungsproblemen zu beraten. So fuhr er eines Tages mit einem Ingenieur, der Brunnenbauer war, von Addis nach Assossa an der sudanesischen Grenze. Ich war sehr glücklich, als ich hörte, dass ich mitfahren durfte. Was ich nicht wusste: Meine Eltern hatten zu diesem Zeitpunkt schon beschlossen, das Land zu verlassen; notfalls indem sie zu Fuß über die Grenze in den Sudan gingen. Mein Vater wollte diese Dienstreise auch dazu nutzen, selbst zu schauen, ob das mit uns Kindern überhaupt möglich sei.

Wir waren mit einem Landrover unterwegs, was für mich ganz toll war. Hinten im Wagen hatten wir große Benzin- und Wasserkanister, weil es in manchen Regionen weit und breit keine Tankstellen gab. Wir kamen nur langsam voran, fuhren meist auf Schotterpisten durch Matsch und Dreck, blieben manchmal stecken. Immer wieder wurden wir an Kontrollposten von Soldaten mit Maschinenpistolen angehalten, die den Wagen durchsuchten und unsere Ausweise kontrollierten. Nachts sahen wir Schlangen und Hyänen. Das alles fand ich aufregend und sehr abenteuerlich.

Nach einigen Tagen, als wir uns der Grenze näherten, stieg noch ein Mann zu uns in den Wagen. Er hatte eine Maschinenpistole dabei, trug aber keine Uniform. Sein Gesicht war verschlossen, er stellte sich nicht vor, sprach kaum ein Wort mit uns. Mir

Die Reise durch Äthiopien mit meinem Vater; in der Mitte mit Gewehr unser Aufpasser

war er unheimlich, so rutschte ich näher zu meinem Vater und fragte ihn, wer er sei und was er wolle.

«Dieser Mann fährt zu unserem Schutz mit, damit wir nicht überfallen werden», erklärte er und fügte hinzu, ich sollte ihn in Ruhe lassen.

Mir war sofort klar, was das bedeutete: Ich sollte lieber nicht mit ihm sprechen. In Wahrheit war dieser Mann vom Geheimdienst und sollte aufpassen, dass wir nicht in den Sudan flohen, wie es viele taten. Mein Vater war bekannt und dienstlich häufig unterwegs. In den letzten Monaten hatte die Regierung ihn bespitzeln lassen, so wunderte er sich selbst nicht im Geringsten über diesen bewaffneten Begleiter, der wie ein Schatten mehrere Tage bei uns blieb.

In Kurmuk, einem Dorf direkt an der Grenze, hielten wir an. Zusammen mit dem Brunnenbauer spazierte ich rüber in den Sudan, was man da noch ohne weiteres konnte. Auf einem Marktplatz kauften wir etwas Proviant ein und kehrten dann zurück zum Wagen. Dort wartete mein Vater mit dem Bewaffneten auf uns. Wir fuhren weiter, verließen bald das Grenzgebiet. Als wir weit genug davon entfernt waren, stieg der Mann aus und verschwand genauso wortlos, wie er gekommen war.

Diese Reise hat mich zutiefst mit meiner Heimat verbunden und mein Gedächtnis um viele Bilder und Erinnerungen bereichert. Wir fuhren durch das westliche Oromo-Gebiet und durchquerten Shoa und Wollega. Dabei besuchten wir Regionen und Orte, die ich durch die große Oromo-Kulturveranstaltung kennengelernt hatte. Nun sah ich die Gegenden, aus denen einige der Sänger und Tänzer kamen, die mich so sehr begeistert hatten. Ich entdeckte herrliche Landschaften und etliche Wunder wie die Kleinstadt Ambo, die wegen ihrer einzigartigen, heißen, mineralhaltigen Quellen im ganzen Land und darüber hinaus bekannt ist. Dort gibt es jetzt ein Freibad, wo man im dampfenden, grün schimmernden Wasser bei dreißig Grad schwimmen kann.

Unweit davon steht der über dreitausend Meter hohe Berg Wenchi, ein erloschener Vulkan mit einem See in seinem Krater, wie mir mein Vater erklärte. Wir hatten keine Zeit hochzufahren, aber ich dachte, das macht nichts, wir holen es bald nach, wir kommen mit meiner Mutter und meinem Bruder wieder her und fahren dann ganz gewiss bis zum Gipfel des Vulkans. Doch ein anderes und gefährlicheres Abenteuer wartete auf uns.

DIE HEIMAT VERLASSEN

Das Packen, all das fand ich gar nicht schlimm», erzählt Wiebke. «Es macht immer Spaß zu packen, es ist ein wenig wie in Urlaub fahren.»

Vor fünf Jahren ist die fröhliche Vierzigjährige mit ihrem Mann Jakob und ihren drei Kindern – zwei Töchter und ein Sohn – aus Schleswig-Holstein ausgewandert. Sie mussten nicht weg, aber sie fühlten sich durch die Flut von Bestimmungen in der Landwirtschaft zunehmend eingeschränkt und beschlossen, am anderen Ende der Welt, in Australien, neu anzufangen. Sie verkauften alles, was sie besaßen, und kauften im Staat Victoria eine Farm. Nicht irgendeine, sondern ein riesiges Anwesen, das früher einem Milliardär gehört hatte und relativ günstig zu haben war.

Ich komme mir dort ein wenig wie auf der Southfork Ranch in der Fernsehserie Dallas vor. Das Farmhaus hat einen sehr langen Flur, große, vornehm möblierte Räume, offene Kamine, eine Bar mit Ledersätteln an Stelle von Hockern, im Garten einen türkisblauen Swimmingpool. Im Gästehaus sind zur Zeit Wiebkes Großeltern auf Besuch; Oma Frauke zeigt mir ihr Zimmer. In ihrem Bett soll früher Prinz Charles übernachtet haben. Er kam, um mit dem früheren Besitzer Polo zu spielen und sich Foxhound-Hunde aus seiner Zucht zu kaufen. Damals sollen hier auch andere Berühmtheiten, vor allem Sportler und Schauspieler, wilde Partys gefeiert haben, bis der Milliardär das Anwesen verkommen ließ.

Seit Jakob und Wiebke es übernommen haben, wird hier richtig gearbeitet. In der kurzen Zeit sind sie zu den größten Milchbauern des Landes geworden. Sie besitzen drei Herden Kühe, insgesamt tausendzweihundert Tiere – alles schwarz-weiße Holsteiner Friesen –, die auf tausendeinhundert Hektar Land weiden, jeden Tag in einem Melkkarussell maschinell gemolken werden und dreißigtausend Liter Milch geben.

Allein wäre das nicht zu schaffen. Es kommen Praktikanten hierher, auch Rucksacktouristen können ein paar Wochen oder Monate helfen und etwas Geld für die Weiterreise verdienen. Morgens sitzen beim Frühstück an einem langen Tisch an die fünfzehn bis zwanzig Leute, die sich vor der Arbeit stärken.

Julia und ich dürfen uns ebenfalls als Bauernhelfer betätigen. Ich begleite die Praktikantin Yvonne in den Stall, wo sechzig Kühe schon in einem Melkkarussell stehen. Sie zeigt mir, wie ich

die Melkbecher über die Zitzen der Euter stülpen soll. Sie saugen sich von selbst fest an, fallen auch von selbst ab, wenn nach ungefähr zehn Minuten keine Milch mehr da ist.

«Dann muss man noch an den Zitzen ziehen, um zu prüfen, ob das Euter wirklich leer ist», erklärt Yvonne.

Ich stehe in Gummistiefeln und mit Gummischürze etwas unterhalb der Kuh, passe auf, dass sie nicht gerade in diesem Augenblick ihre Blase oder ihren Darm auf mich entleert. Mir scheint das eine Knochenarbeit zu sein, und ich kann mir nicht vorstellen, wie Jakob den ganzen Tag im Stall oder auf der Weide zu schuften. Doch der bärtige Mann mit den großen Bauernpranken strahlt mich nur so an, als ich ihn frage, ob er jetzt anders als in Deutschland arbeitet.

«Was heißt arbeiten? Wenn man Bauer ist, arbeitet man nicht», antwortet er und lacht. «Man tut, was man gern tut. Mit den Kühen kannst du auf der ganzen Welt Geld verdienen, dafür musst du nur auf sie aufpassen. Das sind alles meine Mädchen ... Sind sie nicht wunderschön?»

Über seine Lieblingskuh, Nummer 1148, gerät Jacob ins Schwärmen:

«Sie ist zehn Jahre alt, war noch nie krank und hat jedes Jahr ein Kalb bekommen. Eine wunderbare Kuh. Sie mag nicht die Größte oder die Schickste von allen sein, aber sie hat gar keine Macken. In ungefähr sechzig bis siebzig Tagen wird sie wieder so weit sein, dass ich sie besamen lassen kann, ich freue mich schon darauf.»

Frühmorgens, wenn es noch kühl ist, trägt Jakob eine lange Lederhose, später am Tag eine kurze und dazu einen Crocodile-Dundee-Hut, den er braucht, um Kopf und Augen gegen die brennende Sonne zu schützen. Er sieht schon wie ein typischer Australier aus, führt seinen Betrieb jedoch noch wie ein deutscher Bauer.

«Die Leute hier sind ein wenig lässig. Sie geben den Tieren nicht so viel Schrot, düngen ihre Weiden weniger oder gar nicht. Siehst du den Unterschied? Wo es grün ist, gehört es mir, dahinter den australischen Nachbarn ... Wie die Deutschen und die Holländer es machen, ist es ein wenig aufwendiger, es kostet auch ein wenig mehr Geld, aber wir haben auch mehr Umsatz!»

«Du bist jeden Tag hier, hast du denn nie frei?»

«Am liebsten nicht. Ich brauche auch keinen Urlaub. Das ist Urlaub für mich!», sagt er und zeigt auf die Herde um ihn herum und die weite Landschaft. «Und nach Deutschland will ich nicht zurück!»

Seine Miene verdüstert sich, als wir von seinem früheren Zuhause sprechen.

«In Schleswig-Holstein hatte ich auch schon Kühe. Eine schöne Herde mit vierhundert Tieren, die ich mir im Laufe der Jahre aufgebaut und alle selbst besamt hatte», erzählt er. «Das Land zu verlassen, meine Geschwister, meinen Hund, das war alles nicht schwer. Aber glaub mir, Yared, es hat mir fast das Herz gebrochen, mich von meinen Kühen zu trennen. Es war das Schlimmste, was mir in meinem ganzen Leben geschehen ist.»

Wiebke möchte ebenfalls nicht nach Deutschland zurück. Ihr

fehlt die Zeit, und sie hat auch keine Lust dazu. Keine Sehnsucht, bisher jedenfalls nicht.

«Sicher, wir haben Freunde und Familie hinter uns gelassen, aber wir können mit ihnen telefonieren. Oder sie besuchen uns. Wir haben hier Nachbarn und gute Bekannte, es ist bei uns auf der Farm immer viel los, ich vermisse nichts. Was mir damals wirklich schwergefallen ist, als wir gefahren sind, das war, unsere Pferde zu verkaufen.»

Transport und Versicherung kosteten an die zwanzigtausend Dollar für ein Tier, deshalb konnten sie von ihren sechs Pferden nur zwei mitnehmen, die anderen mussten da bleiben. «Auch das Pony von Grietje. Das war besonders hart für sie und für uns alle, auf diesem Pony hatte sie das Reiten gelernt, es gehörte zur Familie.»

Sie haben es einem guten Freund geschenkt. Mitauswandern sollten Wiebkes Stute und die ihrer Tochter Nele, die gedroht hatte, in Deutschland zu bleiben, wenn ihr Pferd nicht mitkäme. Schließlich musste sich auch Wiebke von ihrer Stute trennen, weil sie einen Virus hatte. Neles Stute flog in einem Container und landete heil auf australischem Boden, hatte aber noch sechs Wochen Quarantäne über sich ergehen zu lassen. Seither fühlt sie sich offensichtlich bestens auf der Farm mit den anderen, australischen Pferden.

«Als alles fertig zur Abreise war und ich im Auto saß», fährt Wiebke fort, «habe ich mir gesagt, jetzt darfst du dich nicht umdrehen und nicht zurückblicken. Und das habe ich auch nicht getan.»

Ein Teil meiner Familie hat ebenfalls von der Landwirtschaft gelebt. Meine Großmutter väterlicherseits war eine starke Frau, die auf ihren Feldern arbeitete und fünf Kinder alleine großzog. «Wenn ihr in der Schule nicht gut seid», sagte sie zu ihnen, «könnt ihr auf dem Acker arbeiten.» Doch weder ihre vier Söhne noch ihre Tochter sind Bauern geworden. Alle haben studiert und sind ausgewandert. Nicht freiwillig, wie Wiebke und Jakob. Unter Mengistus Militärdiktatur konnten mein Vater und seine Geschwister keine sichere Existenz für ihre Familien aufbauen.

Wegen des Bürgerkriegs in Äthiopien und des Krieges mit Somalia wurden die Lebensmittel knapp. Es herrschte Mangel an allem, für Brot und Benzin mussten die Menschen anstehen. Wir haben nicht Hunger gelitten, meine Mutter fand immer genug, um die Familie zu ernähren. Aber der Krieg und die Repression im Land beherrschten das Leben und machten es immer mehr zu einem Albtraum. Viele Menschen wurden in dieser Zeit verhaftet, gefoltert oder gar ermordet.

Ein Bruder meines Vaters versuchte, nach Kenia zu fliehen. Er flog von Addis nach Maji, einer Kleinstadt im Süden, um von dort aus über die Grenze zu gelangen, wurde aber am Flugplatz festgenommen und nach Addis zurückgebracht. Eine Zeitlang sperrte man ihn mit vierzig anderen Gefangenen in eine Zelle, wo so wenig Platz war, dass sie nur abwechselnd liegen konnten und die meiste Zeit stehen mussten. Insgesamt blieb er ein halbes Jahr in Haft. Meine Mutter und andere Verwandte kochten jeden Tag für ihn und brachten das Essen ins Gefängnis. Vom Staat bekamen die Insassen nichts oder fast nichts.

Fast zur selben Zeit wurde auch mein dreiundsiebzigjähriger Großvater mütterlicherseits verhaftet, gefesselt und zusammengeschlagen. Angeblich hatten Soldaten unweit seines Hauses in der Kanalisation altes Geld aus der Zeit von Kaiser Haile Selassie entdeckt, und man beschuldigte ihn, es dort versteckt zu haben. Sein Auto, ein alter Unimog, der sein letzter Besitz war, wurde sofort beschlagnahmt.

Als meine Mutter das Essen für ihren Vater bei den Wächtern ablieferte, gaben diese ihr zu verstehen, dass sie die Reparaturkosten für den Unimog in Höhe von fünfhundert äthiopischen Dollar übernehmen sollte. Dann würde man den Gefangenen laufenlassen. Die Verhaftung meines Großvaters war also nur ein Vorwand gewesen, um sich seinen Wagen unter den Nagel zu reißen! Die Familie legte das Geld zusammen, und tatsächlich kam er nach zwei Monaten aus dem Gefängnis.

Den Militärs war jede fadenscheinige Begründung recht, um Menschen zu verhaften, die man loswerden wollte. Die Willkür des Regimes wurde größer, und es häuften sich Anzeichen, dass die Gefahr für meinen Vater wuchs. Wir wollten nur noch weg, und es war uns egal, ob für zehn Jahre oder für immer.

Den Plan, zu Fuß in den Sudan zu fliehen, verwarfen meine Eltern, als meine Mutter schwanger wurde. Sie versuchten es über den legalen Weg. Da sie nach wie vor viele Kontakte in Deutschland hatten, fanden sie ziemlich leicht eine Institution, die meiner

Mutter eine Einladung zur Weiterbildung schickte; damit gingen meine Eltern zu den äthiopischen Behörden.

Wir hatten das große Glück, dass wir schon Pässe für die ganze Familie besaßen. Diese waren noch gültig, und da zwischen den beiden Ländern ein Abkommen über Visumfreiheit bestand, brauchten sie nur eine Ausreisegenehmigung. Diese wurde uns aber verweigert. Man wollte auf gar keinen Fall die ganze Familie aus Äthiopien herauslassen.

Also mussten meine Eltern es auf andere Weise versuchen. Über seine Kontakte bekam mein Vater eine Stelle in der internationalen kirchlichen Ausbildungseinrichtung in Nairobi angeboten und stellte einen Ausreiseantrag für sich und die Familie nach Kenia. Diesmal wurde er nicht gleich abgelehnt. Allerdings musste mein Vater mehrmals zu den Behörden, wo die Beamten öfter wechselten.

Eines Tages hatte er es mit einem Neuen zu tun, der seine Papiere anschaute und ihm tatsächlich die Ausreise genehmigte. Nur ihm selbst. Doch da er auf Amharisch eine Höflichkeitsformel benutzte, die – ähnlich dem deutschen «Sie» – auch den Plural ausdrücken kann, ging der nächste Beamte, der unseren Antrag bearbeitete, davon aus, dass die Ausreisegenehmigung für uns vier galt. Denn schließlich lagen auch unsere vier Pässe vor. Und somit verdanken wir einem kleinen sprachlichen Missverständnis unser großes Glück.

Von alledem erfuhren mein Bruder und ich nur so viel, dass wir bald weggehen würden und dass wir auf gar keinen Fall mit irgendjemandem darüber reden durften. Nicht einmal mit unseren Freunden. Es ist mit acht und neun Jahren sehr schwer, ein Geheimnis zu behalten, doch wir schafften es. Und nicht nur wir mussten uns in Geduld üben. In der Zeit vor unserer Abreise verschenkten oder verkauften unsere Eltern einiges an Verwandte und gute Freunde. Abholen durften sie es aber erst, wenn wir aus dem Land wären.

Dann hieß es eines Tages: «Es ist so weit, wir fliegen nach Kenia. Jungs, packt ein paar Sachen. Aber nicht zu viel!»

Ich war sehr traurig, weil ich dachte, dass wir uns nicht einmal von unseren Freunden verabschieden konnten. Ohne ein Wort zu verschwinden – das wäre mir wie ein Verrat erschienen. Ganz kurz vor der Abreise durften wir es aber doch.

«Nairobi ist nicht so weit von Makkanissa», sagte ich. «Wir sehen uns alle bestimmt bald wieder, vielleicht kommt ihr auch dorthin ...»

Ich versuchte, mich mit dem Gedanken an Kenia zu trösten, und betete zu Gott, dass er uns dort sicher ankommen ließ, dass man uns nicht wie meinen Onkel oder viele andere aus dem Flugzeug holte und ins Gefängnis steckte.

Für die Flucht hatten unsere Eltern Flugtickets von Kenya Airways, der kenianischen Fluglinie, gekauft, weil sie ihnen sicherer als die äthiopische erschien, und als Abflugdatum einen Feiertag gewählt: das Ende des Fastenmonats Ramadan, das Fest des Fastenbrechens. An diesem Tag, so hofften sie, würden die Behörden am Flughafen unterbesetzt sein und die Reisenden nicht so genau kontrollieren.

Mein Großvater mütterlicherseits fuhr mit uns zum Flughafen und bekam die Schlüssel unseres Autos, die er dem Käufer übergeben sollte, sobald wir in der Luft waren. Es gab keinen großen Abschied mit Verwandten. Wir mussten uns so unauffällig wie möglich verhalten, durften nicht nervös wirken. Bei jeder Kontrolle, jedes Mal, wenn wir wieder vor einem Schalter stehen mussten, hatte ich natürlich große Angst, dass sie uns aufhalten würden. Aber ich unternahm alles, dass man es mir nicht anmerkte.

Schließlich saßen wir alle vier im Flugzeug. Wir hielten uns an den Händen fest und beteten. Bis zur letzten Minute fürchtete ich mich davor, dass ein Bewaffneter in die Kabine trat, um uns zu verhaften. Dann rollte die Maschine langsam los, beschleunigte und hob ab. In diesem Augenblick fiel mir ein Stein vom Herzen. Doch erst als das Flugzeug weit oben war und waagerecht im Himmel davonflog, begann ich wirklich zu glauben, dass es geklappt hatte.

Vor Kriegen, Diktaturen und deren katastrophalen Folgen für die Bevölkerung fliehen viele Menschen in ein Ausland, wo sie niemanden kennen. Sie haben kein Geld, kennen weder die Sprache noch die Kultur, landen im absoluten Nichts. Im Vergleich zu ihnen waren wir enorm privilegiert. Wir haben schon großes Glück gehabt, dass wir diese schreckliche Zeit in unserer Heimat lebendig und ohne großen Schaden überstanden haben, aber das war noch nicht alles: Mein Vater war schon mal in Kenia gewesen, er kannte dort einige Leute und hatte eine Anstellung in Aussicht.

Am 9. Februar 1979 waren wir in Nairobi eingetroffen, im Mai kam meine Schwester auf die Welt. Mein Bruder und ich gingen zur deutschen Schule. Da wir mit kenianischen Kindern Freundschaften geschlossen hatten, lernten wir auch schnell Swaheli. Es war meine fünfte Sprache, nach Oromyfa, Deutsch, Amharisch und Englisch, das ich in der vierten Klasse angefangen hatte zu lernen. Wir waren gerade dabei, uns einzuleben, als mein Vater ein Fernschreiben aus Deutschland bekam.

Es waren schlechte Nachrichten: Kurz nach unserer Flucht waren in Äthiopien viele Angestellte von kirchlichen Organisationen verhaftet worden; mein Vater stand auf der Liste der gesuchten Personen. Inzwischen wussten die Behörden, dass er jetzt in Kenia lebte. Ein Freund aus Hannover riet ihm, das nächste Flugzeug nach Deutschland zu nehmen – er hatte gehört, dass die Militärdiktatur Agenten nach Nairobi schickte, die Flüchtlinge entführen oder gar ermorden sollten.

Am nächsten Tag war er weg. Zwei Wochen später folgten wir ihm. Am 17. Juni 1979 landete meine Mutter mit meiner Schwester und uns Jungen in Frankfurt, am 18. Juni kamen wir in unserem neuen Zuhause in Falkenburg an.

Der 9. Februar und der 18. Juni wurden für mich zu Feiertagen, und sie sind es heute noch. Wenn ich in Deutschland bin, rufe ich meine Eltern und meine Geschwister an: «Wisst ihr, was heute für ein Datum ist?» Eigentlich ist diese Frage überflüssig. Niemals werden wir vergessen, was an diesen Tagen passiert ist.

In Falkenburg gibt es das Lutherstift, ein Erwachsenenbildungszentrum, wo mein Vater eine Stelle als Dozent und ein Diensthaus bekam. Dort, in diesem idyllischen Dorf im Landkreis Oldenburg, begann für mich und für uns alle ein neuer Lebensabschnitt. Der Ort hat achthundert Einwohner, eine Dorfschule, einen Dorfplatz, eine Gaststätte, eine Freiwillige Feuerwehr, einen Bäcker, eine Tankstelle, ein Fahrradgeschäft, eine Bank und einen Spielwarenladen. Dort kennt jeder jeden, und wenn Fremde kommen, wissen die Bewohner, dass sie zum Lutherstift gehören. Wir waren selbstverständlich die einzigen Schwarzen, nicht nur in Falkenburg, sondern in der ganzen Gegend.

Manchmal kam es mir vor, als seien wir die einzigen Schwarzen auf der Welt. Wenn wir nach Bremen fuhren, das nur fünfundzwanzig Kilometer von Falkenburg entfernt ist, geschah es schon, dass wir einen anderen Schwarzen auf der Straße sahen. Dann freuten wir uns und winkten ihm eifrig zu. Fast hätte ich das viele Jahre später in Peking auch getan, als ich auf dem riesigen Flughafen in der Menge plötzlich einen anderen Schwarzen entdeckte ...

Die Falkenburger nahmen uns wohlwollend auf und waren außerordentlich freundlich zu uns. Sie wussten schon vor unserer Ankunft, dass wir aus einem Kriegsland kamen. Ich glaube, dass der Pastor es ihnen am Sonntag in der Kirche erzählt hatte. Wir waren erst zwei oder drei Tage dort, da klingelte es an der Tür. Mein Bruder und ich stürzten hin und öffneten. Zwei Mädchen standen davor, wir kannten sie vom Sehen, sie wohnten ein paar Häuser weiter.

«Das ist für euch», sagten sie und reichten uns ein paar Groschen. Für uns hatten die beiden ihr Sparschwein geschlachtet.

«UND DAS STICHWORT HEISST LIEBE …»

Im August 2006 reisen wir mit dem NDR-Team nach Paraguay, weil dort angeblich plattschnackende Enthlet leben. Enthlet, das ist eines jener Völker, die wir fälschlicherweise als Indios bezeichnen. Und die sollen Platt reden – obwohl sie nie etwas mit Norddeutschland zu tun hatten? Das macht mich sehr neugierig.

Wir fliegen über São Paulo nach Asunción, Paraguays Hauptstadt. Von dort aus geht es mit einem Mietwagen vierhundertsiebzig Kilometer Richtung Norden in den Gran Chaco, eine Region mit Dornbuschsavannen und Trockenwäldern, die sich über Teile von Argentinien, Bolivien und Paraguay ausbreitet.

In den Stadtrandgebieten sehen wir noch viele buntbemalte Sammeltaxis, auch Menschen, die auf Pferden unterwegs sind. Dann führt ein längerer Teil der Strecke durch eine Palmengegend, in der ein starker Brandgeruch fortwährend unsere Schleimhäute reizt. Hier werden ganze Landstriche mit Feuer gerodet, um sie anbaufähig zu machen, mal mit Genehmigung der Behörden, mal illegal. Mir ist bei all den Palmen und anderen Büschen, als sei irgendwo das Meer, obwohl ich weiß, dass Paraguay mitten im südamerikanischen Kontinent liegt, weit weg vom Atlantik und vom pazifischen Ozean.

Die Landschaft wird immer karger, doch hier und da gibt es große Rinder- oder Pferdefarmen. Die letzten Kilometer fahren wir auf einer Schotterpiste, die mich an Oromya erinnert, wo ich mit meinem Vater damals auf ähnlichen Pisten unterwegs war. Die kleinen Häuser, manchmal ein einfaches Restaurant oder ein Minigeschäft, die Jeeps – all das erscheint mir vertraut.

Luftaufnahme vom Gran Chaco in Paraguay

Nach acht Stunden Fahrt kommen wir am späten Abend in Filadelfia an. Diese Stadt ist nicht etwa die kleine Schwester der amerikanischen Großstadt Philadelphia, ihr Name stammt direkt aus dem Griechischen und bedeutet Bruderliebe. Hier laufen die unterschiedlichsten Menschentypen auf der Straße herum: Ein Teil von ihnen scheint mir spanischer oder portugiesischer Herkunft zu sein, andere gehören wohl eher zu den Völkern, die schon vor der Kolonisierung hier wohnten. Und selbstverständlich sehe ich viele Weiße. Kein Wunder, denn wir sind endlich am Ziel, mitten in einer Mennonitensiedlung.

Die Mennoniten leiten ihren Namen von dem Friesen Menno Simons ab, der während der Reformationszeit eine Täuferbewegung gründete und in Schleswig-Holstein starb. Diese Glaubensgemeinschaft lebt streng nach der Bibel und wurde im Laufe ihrer Geschichte von den Katholiken wie von den Protestanten verfolgt. Überall waren die Mennoniten den regierenden Obrigkeiten suspekt, weil sie Pazifisten waren und die Autorität des Staates in Frage stellten.

So verließen Abertausende von ihnen in mehreren Wellen ihre deutsche Heimat, immer auf der Suche nach einem Ort, wo sie ihre Religion frei ausüben durften. Sie gehörten zu den ersten Deutschstämmigen, die im 17. Jahrhundert nach Amerika auswanderten. Im 18. Jahrhundert zog ungefähr ein Drittel aller Mennoniten aus den deutschsprachigen Gebieten nach Russland. 1870, als im Zarenreich die Wehrpflicht eingeführt wurde, wanderte ein Teil ihrer Nachfahren von dort aus weiter in alle Welt. Ein Teil blieb und hatte im 20. Jahrhundert sehr unter den Verfolgungen des kommunistischen Regimes zu leiden.

In Filadelfia trafen die ersten Mennoniten 1927 ein. Ihre Vorfahren gehörten zu denen, die das russische Zarenreich verlassen und in Kanada Frieden gesucht hatten. Als es wegen der kanadischen Gesetze immer schwieriger wurde, ihre gemeinschaftliche Lebensweise aufrechtzuerhalten, zogen sie abermals weiter. Vor allem hatte man von ihnen verlangt, wie alle Einwanderer Englisch zu lernen und ihre Kinder auf englischsprachige staatliche Schulen zu schicken.

Paraguay dagegen versprach den neuen Siedlern mehr oder weniger absolute Freiheit: Sie brauchten keinen Eid auf die Verfassung zu leisten, wurden nicht zum Militärdienst herangezogen, durften Deutsch als Schulsprache verwenden und ihre eigene Verwaltung einrichten. Erstaunlich, dass ein katholisches Land diese Mitglieder einer protestantischen Glaubensgemeinschaft willkommen hieß.

Es geschah allerdings nicht aus reiner Menschenliebe, sondern weil die eigene Bevölkerung durch Kriege mit den Nachbarländern dezimiert worden war. Man brauchte Einwanderer, und die deutschstämmigen Mennoniten hatten den Ruf, gute Bauern zu sein, bereit zu harter Arbeit. Sie suchten Land für ihre Siedlungen? Dann sollten sie es bekommen und versuchen, die Chaco-Wüste urbar zu machen!

Als die Mennoniten auf ihren Fuhrwerken mit Ochsengespann dort ankamen, fanden sie alles andere als günstige Bedingungen vor: eine unwirtliche Gegend mit sandigem Boden und stachligen Pflanzen, zu wenig Wasser für den Ackerbau, keine Straßen. Und das sollte ihre neue Heimat werden!

Doch ganz unter sich waren sie hier nicht. Bald begegneten sie den Nivaclé und den Enthlet, die man auch unter dem Namen Lengua kennt. Sie waren die ersten Bewohner der Chaco-Wüste, seit Urzeiten lebten sie hier vom Jagen, Fischen, Sammeln und saisonalem Gartenbau. Ihr Land hatte man ihnen nach und nach genommen und damit ihrer traditionellen Lebensweise die Grundlage entzogen.

Der alte Mann mit dem dunklen Teint steht vor der Bäckerei der Mennonitensiedlung und wartet geduldig. Hier bekommen arme Leute für ein paar Groschen ganze Tüten voll mit altem Brot, das nicht verkauft wurde. Er wirkt seltsam heimatlos und verloren in diesem Land, das früher seinen Vorfahren gehörte. Sein Anblick berührt mich, ich mag alte Menschen, weil sie viel zu erzählen haben. Außerdem scheint er mir weit über achtzig zu sein, so dürfte er die Ankunft der Mennoniten selbst erlebt haben. Ob er sich daran erinnert?

Ich hoffe, dass wir miteinander sprechen können, aber in welcher Sprache? Seine eigene kenne ich nicht, mein Spanisch ist leider nicht besonders gut, das Plautdietsch der Mennoniten unterscheidet sich ziemlich stark von meinem Platt, aber ich versuche es und begrüße ihn.

«Schnackst du auch Plautdietsch?»

Er nickt, murmelt scheu ein «Jo». Gesprächig ist er nicht. Ich frage weiter: «Watt is dien Naam?», also wie er heißt, und er antwortet: «Abraham Klose».

Norman, der Chef der Mennoniten-Bäckerei, gesellt sich zu uns und erklärt mir, dass Abraham ein Enthlet ist, der in der Nähe wohnt. «Und das ist Susi, aber sie spricht kein Plautdietsch.»

Sie könnte Abrahams Frau sein. Ihr Gesicht verrät mir, dass das Leben für sie nicht immer ganz einfach war. Sie sieht verschreckt aus, als sei ihr diese Aufmerksamkeit unangenehm, als würde sie am liebsten weglaufen. Ich lasse sie in Ruhe und wende mich Abraham zu.

«Abraham , wo old büst du?»

«Tachentich Joohr», sagt er, achtzig Jahre, ich lag also richtig. Bei seiner Geburt hat er bestimmt einen anderen Namen bekommen, einen Enthletnamen.

«Abraham, bist du ein Enthlet oder ein Mennonit? Oder beides?»

«Jo ... Enthlet, jo ... Mennonit auch ... Beides zusammen.»

«Sag mir, wie alt warst du, als du die ersten Weißen hier gesehen hast?»

Er zeigt mit der Hand die Größe eines ungefähr sechsjährigen Kindes und beginnt in einer Mischung aus Spanisch und Plautdietsch zu reden. Dabei sucht er die Worte, als sei er in keiner der beiden Sprachen heimisch. Seine Muttersprache benutzt er aber nicht, und ich weiß nicht, ob Norman sie gelernt hat. Dieser wiederholt und übersetzt jeden Satz, was nicht unbedingt notwendig wäre, denn Abraham spricht auch mit den Händen. Seine Gesten und seine starke Mimik drücken seine Erinnerungen und seine Gefühle sehr deutlich aus.

«Wir haben Angst gehabt», erzählt er, «wir sind weggelaufen und haben uns in den Büschen versteckt.»

Seine Hände beschreiben einen Hasen, der vor einem Raubtier flüchtet – so müssen sich die Menschen damals tatsächlich bei dieser Begegnung mit den Fremden gefühlt haben. Doch plötzlich lacht Abraham, und sein ganzes Gesicht macht eine freundliche Miene, als er den Arm hebt und winkt. Er winkt Men-

Mit Susi und Abraham Klose

schen herbei, das war die Begrüßungsgeste der Siedler: eine offene Hand, die zeigte, dass man unbewaffnet war und friedliche Absichten hatte.

«Jungs, kommt her, kommt her, Jungs, so haben sie zu uns gesprochen …» Dann hält er die Hände leicht geöffnet in Bauchhöhe, schaut staunend hin. «Sie hatten Brot, wollten uns Brot geben. Aber wir wussten nicht, was das ist.» Abraham blickt misstrauisch, lacht wieder.

Vom Mennoniten-Brot hat er doch gekostet. Später arbeitete er für die Fremden, lernte Plautdietsch und ließ sich taufen. Enthlet und Siedler waren Nachbarn geworden, und mit Nachbarn muss man sich arrangieren.

Die Enthlet sind jetzt sesshaft, wohnen in kleinen Dörfern oder gar in eigenen Siedlungen. Sie sind in den Betrieben der Mennoniten angestellt oder versuchen, sich nach dem Erfolgsmodell der Nachbarn durch Landwirtschaft und Viehzucht eine

Existenzbasis zu verschaffen. Die Mennoniten helfen auf ihre Weise, als Arbeitgeber, auch indem sie Schulen und Krankenhäuser bauen, wo sich die Enthlet behandeln lassen können. Trotzdem sind die meisten von ihnen bitterarm.

Samuel, der bei den Mennoniten aufgewachsen ist und zwischen vierzig und fünfzig Jahre alt sein dürfte, ist schon froh, ein eigenes Haus für sich und seine Familie zu haben. Es ist eine kleine Schutzunterkunft, drei Wände, ein Dach und keine Vorderfront, sondern nur Planen, die Samuel bei schlechtem Wetter herunterlässt.

«Aber der Wind bläst trotzdem durch und reißt manchmal die Planen herunter», erklärt er.

Es gibt nur ein Bett, darin schlafen die drei Kinder; Samuel und seine Frau müssen auf dem Boden liegen, auch im Winter, wenn die Nächte bitterkalt sind. Sie träumen von einem richtigen Haus aus festem Material, von einem besseren Leben für ihre Kinder. Doch wie soll das geschehen? Das weiß keiner.

Die Mennoniten haben ein schönes großes Haus in der Nähe gebaut, es sollte den Kindergarten und die Schule für die Kinder dieses Dorfes beherbergen. Ein Lehrer kam, der schon vor Monaten aufgehört hat; im Augenblick ist niemand da, der die Kinder unterrichten kann. Das solide Gebäude steht leer.

In der supermodernen Bäckerei der Mennoniten werden im Monat zehntausend Kilo Mehl zu Broten und Brötchen gebacken. Kunden sind die Enthlet aus den benachbarten Siedlungen, die auch in schneeweißer Arbeitskleidung und mit Schutzhauben auf dem Kopf an den Maschinen stehen. Norman trägt ebenfalls ein weißes Hemd, das bis oben zugeknöpft ist, obwohl eine Bullenhitze herrscht. In der Pause sitzt er mit seinen Arbeitern zusammen im Kreis, sie trinken Tereré aus einem Hornbecher, den sie herumgehen lassen.

Tereré ist ein Tee aus Mate, der oft mit anderen Kräutern gemischt wird. Man füllt den Becher zur Hälfte mit den trockenen Kräutern, gießt kaltes Wasser dazu, drückt dann die Kräuter fest und saugt die Flüssigkeit mit einem Trinkhalm. Es wirkt erfrischend und belebend, gibt Kraft, schmeckt aber wie ein ausgesaugter Kamillenteebeutel. Das findet zumindest Julia, die den Mund verzieht.

Mennoniten und Enthlet wohnen Tür an Tür, arbeiten zusammen, trinken aus einem Becher. Sie sitzen nebeneinander beim großen Rodeo Trebol in Filadelfia, wenn die jungen Mennoniten-Cowboys Bullen reiten oder wilde Kühe einfangen, aber sie leben dennoch ganz getrennt voneinander. Mischehen kommen so gut wie nie vor. Und das Wohlstandsgefälle ist nach wie vor riesig.

Während das Team die Kamera abbaut und das Material aufräumt, denke ich darüber nach, ob sich das je ändern wird, und beobachte eine ältere Frau, die langsam an mir vorbeiläuft. Sie trägt eine durchsichtige Plastiktüte mit altem Brot, das sie gerade vergünstigt in der Bäckerei gekauft hat. Es ist schimmelig.

Gleich danach fahren wir nach Filadelfia, um dort in einem Supermarkt zu drehen. Der Kontrast zwischen der Armut der einen und dem relativen Wohlstand der anderen könnte nicht größer sein. Hier fühlt man sich wie in Deutschland: Alles ist auf Hochdeutsch beschriftet, ein Großteil der Waren auf den Regalen kommt aus Deutschland, und sogar Nutella kann man hier kaufen.

In der Stadt selbst fühle ich mich in die fünfziger Jahre zurückversetzt. Die Mennoniten halten sich bewusst fern von vielen technischen Errungenschaften, auch von fremden Einflüssen. Sie pflegen ein traditionelles, einfaches Leben, ähnlich wie die Amish in den USA. Immerhin haben sie Autos. Die Milch- und Viehbauern, die große Höfe in der Gegend besitzen, fahren nicht mehr einmal wöchentlich mit Pferd und Kutsche zum Supermarkt, sondern mit Jeep oder Pick-up. Das ist aber auch schon eines der wenigen Zugeständnisse an die moderne Welt. Nirgends sieht man eine Satellitenschüssel, auch Leuchtreklamen oder Kinos sucht man vergebens. Es dringt keine Musik aus den Cafés, es gibt keine teuren Geschäfte und auch sonst keine Zeichen von Luxus.

In den Schulen wurden Internetverbindungen eingerichtet, allerdings mit Einschränkungen – freies Herumsurfen ist nicht möglich. Das Handy funktioniert nicht, das Telefon schon, aber Gespräche ins Ausland müssen angemeldet werden. Das ist umständlich und braucht viel Zeit. Mails können wir alle drei Tage senden oder erhalten, oft klappt aber auch das nicht. Ob die Mennoniten zu Hause fernsehen, weiß ich nicht, einen eigenen Sender scheinen sie nicht zu haben, denn im Hotel empfangen wir nur spanische und portugiesische Sender. Ich komme mir regelrecht isoliert vor und habe das erste Mal richtig Heimweh nach meiner Familie und nach Hamburg.

«Gott spricht plautdietsch», sagen die Mennoniten in Paraguay. Sie haben diese Sprache und das Hochdeutsch um die halbe Welt bis in den Gran Chaco mitgenommen und hier eine neue Heimat gefunden, eine sehr deutsch anmutende Heimat. Es ist bemerkenswert, wie sie es geschafft haben, über eine so lange Zeit hinweg ihre Kultur, ihre Sprache und ihre Bräuche in einer Form zu bewahren, die es bei uns gar nicht mehr gibt. Das Deutsche ist Teil ihrer Identität, doch wichtiger als das Land sind ihnen ihr Glaube und ihre Gemeinschaft. Das verbindet sie, darin sind sie beheimatet und bleiben es, auch wenn nicht mehr alle Mennoniten die Religion gleich strikt auslegen.

Manche von ihnen sind noch sehr konservativ, ihre Frauen tragen Kopftücher, fahren nicht Auto, sprechen nicht mit Männern, sehen sie nicht einmal an. Als unser Kameramann eine dieser Frauen anspricht, läuft sie davon, ohne zu antworten. Doch die meisten, mit denen wir uns unterhalten, sehen das nicht so eng.

Sie sind hilfsbereit und freundlich, Medienmenschen gegenüber aber auch ein wenig vorsichtig, denn es erscheinen im Land und manchmal auch im Ausland kritische Berichte über sie.

Einerseits schätzt man die Geschäftstüchtigkeit der fleißigen deutschen Bauern, denen es gelungen ist, aus dem Nichts eine wirtschaftliche Größe im Land zu werden; man bewundert ihre gutfunktionierende Infrastruktur und ihr soziales Denken. Doch dass sie unter sich bleiben und nach ihren eigenen Regeln leben, gefällt nicht allen. Es sei wie ein autonomer Staat mitten im Staat, behaupten manche Journalisten. Eine Art Fremdkörper, eine Parallelgesellschaft.

Als wir Filadelfia verlassen, schaltet jemand in unserem Mietwagen «Radio Chaco» ein. Der Rundfunksender der Mennoniten klingt genau wie der norddeutsche Radiosender auf UKW 90,3. Der Sprecher redet selbstverständlich nur deutsch, die Musik ist wie die Hitparade der deutschen Volksmusik – und während wir zuhören, sehe ich Gürteltiere auf der Straße laufen! Als eine Sängerin mit warmer, eindringlicher Stimme singt «Und das Stichwort heißt Liebe», ist es um Julia und mich geschehen: Wir schauen uns an und brechen in Lachen aus. Eine sentimentale Schnulze und ein Ohrwurm sondergleichen, da hilft nichts, wir müssen mitsingen, lachen und freuen uns auf zu Hause.

Der Rest des Textes ist längst vergessen, aber noch heute schreiben Julia und ich diesen Satz manchmal als Schlussgruß in unseren E-Mails. Oder einer von uns sagt ihn mit einem Schmunzeln in der Stimme am Telefon. Dann sind wir für einen Augenblick wieder zusammen unterwegs.

HEIMATLICHE KLÄNGE

In Wisconsin hat fast die Hälfte der Bevölkerung einen oder mehrere deutschstämmige Vorfahren. Auf der Landkarte findet man Orte wie Berlin, New Berlin, Kiel und Rhinelander. Milwaukee, mit über einer halben Million Einwohner die größte Stadt von Wisconsin, bekam im 19. Jahrhundert den Spitznamen «Deutsches Athen», weil die Einwanderer mit deutscher Musik und deutschem Theater das intellektuelle und kulturelle Leben prägten. Dank der Brauereien Pabst, Schlitz, Miller und Blatz und der Nähe zum Michigan See, der gutes, kühles Wasser liefert, gehört sie zu den bedeutendsten Bierstädten der USA. Manche behaupten, sie sei sogar die Welthauptstadt des Bieres – was den Münchnern gar nicht gefällt.

Einmal jährlich im Juli findet dort vier Tage lang ein riesiges German Fest statt, mit Dackelrennen, Sheepshead – zu Deutsch: ein Schafskopfturnier –, Trachtenumzug, deutscher Gastronomie und Blasmusik. Dieses Ereignis haben wir verpasst, dafür waren wir auf dem German Fest in Wausau, der Hauptstadt von Marathon County, einem der über siebzig Landkreise Wisconsins.

«Das ist ein Blasfest und kein Bluesfest, German Blasmusik, das mussten wir am Anfang den Leuten immer wieder erklären», sagt Don, ein Deutschstämmiger, dessen Urgroßeltern aus Pommern kamen.

Der Siebzigjährige hat früher in einer Brauerei gearbeitet, in der man neun Sorten Bier braut, darunter auch Pils und Hefeweizen; sein Bruder DuWayne war Versicherungskaufmann. Die beiden Männer wirken total fit und rüstig und sind außerdem bestens gelaunt, denn es ist ihr großer Tag: Als Vorstandsmitglieder des Pommernvereins sind sie maßgeblich an der Organisation des Festes beteiligt, und gleich müssen sie auch noch auf die Bühne, weil sie in einer bayerischen Blaskapelle spielen.

«Pommern und Bayern, wie passt denn das zusammen?», frage ich Don.

«Heute sieht das keiner mehr so eng. Das können wir gut verbinden. Aber früher war das schon ein Problem ...»

In der Blaskapelle haben am Anfang alle Musiker Lederhosen getragen, die hat Don jedoch längst abgelegt und ist zur pommerschen Tracht zurückgekehrt.

«Das ist schon eine komische Geschichte. Wir Pommern waren eigentlich zuerst hier in der Gegend. Wausau, so haben die Ureinwohner sie genannt, das heißt ungefähr ‹weg von allem› – so blieben wir unter uns. Dann kamen die Bayern nach Wisconsin, die haben uns angeschaut und bloß noch den Kopf über uns geschüttelt ...»

Don lacht. Die Bayern haben ihnen erklärt, dass sie alles falsch machten. Ihre Tracht sei gar keine deutsche Tracht, und ihre Sprache auch nicht.

«Ihr seid gar keine richtigen Deutschen – das haben die Bayern zu uns gesagt», erzählt er. «Wir waren noch nie in Deutschland gewesen, wir wussten nicht, wie es dort aussieht, wie die Menschen leben, und wir haben uns von den Bayern verunsichern lassen. Wir dachten, dass sie recht hätten, und wir wollten echte Deutsche sein, also haben wir die Lederhosen angezogen, die sie uns gaben, und Bayerisch gelernt. Sogar Jodeln und Schuhplatteln haben wir uns beigebracht! Jetzt geht es los, ich muss spielen, bis gleich.»

Don eilt auf die Bühne. Einige Männer, darunter auch DuWayne, haben sich in bayerischer Tracht vor der Kapelle aufgestellt. Als die Musik beginnt, legen sie einen waschechten Schuhplattler hin. An die dreihundert Festbesucher klatschen begeistert dazu, und ich natürlich mit ihnen. Es duftet nach Sauerkraut und Bratwürsten, das Bier fließt, und wenn ich nicht um mich herum nur Englisch hörte, würde ich glauben, dass ich mich auf einem Volksfest in einer süddeutschen Kleinstadt befinde.

Mir ist oft und überall aufgefallen, wie sehr das Bayerische im Ausland das Deutschlandbild dominiert. Jeder auf der Welt scheint München, das Oktoberfest und Beckenbauer zu kennen, vom Rest der Republik spricht keiner. Das Hofbräuhaus ist berühmter als die Berliner Mauer. Doch mir war es bisher nicht bewusst, dass die Bayern diesen Alleinvertretungsanspruch für Deutschland selbst reklamiert haben, und ich frage mich schon, wie sie sich damit durchsetzen konnten!

«Das Bayerische ist auch nicht richtig Deutsch. Die Bayern meinen es zwar, aber das stimmt gar nicht», fährt Don später fort, als die Kapelle eine Pause macht. «Es hat eine Weile gedauert, bis wir das herausgefunden haben. Als wir anfingen, uns dafür zu interessieren, waren die Eltern schon gestorben und konnten uns nicht erklären, woher wir kommen. Unsere Muttersprache ist das Pommersche, wie wir es zu Hause gesprochen haben, Englisch haben mein Bruder und ich erst in der Schule gelernt.»

1994 haben Don und DuWayne den pommerschen Verein in Wausau gegründet. Sie bedauern zutiefst, dass dort fast nur englisch gesprochen wird. Deshalb haben sie vor kurzem pommersche Konversationskurse eingerichtet, die an der Universität Wisconsin in Madison stattfinden. Außerdem wollen sie ein Glossar mit mindestens tausend Wörtern ins Internet stellen. Die meisten Vereinsmitglieder können nur noch wenige der Worte Pommersch, die sie in ihrer Kindheit gehört haben. Sie behalten sie im Gedächtnis, weil im Klang der Sprache die Stimmen ihrer Eltern oder Großeltern mitschwingen und damit eine besondere Wärme: das Gefühl, beschützt zu sein, zu Hause zu sein.

«Die Heimat unserer Vorfahren wollten wir einmal im Leben sehen, also sind wir nach Deutschland gefahren …»

«Nach Polen», unterbricht DuWayne. «Heute liegt Pommern in Polen, aber als unsere Ahnen ausgewandert sind, kamen sie aus Deutschland, damals war es eine preußische Provinz, es waren Deutsche ...»

Genauer gesagt Lutheraner, die in New York ankamen und weiter nach Westen zogen. In Wisconsin sieht es ein wenig wie in Vorpommern und Südschweden aus, auch das Klima ist ähnlich: Im Winter wird es richtig kalt, und der Schnee bleibt lange liegen. Das Land war zur Besiedelung freigegeben, und so ließen sich die Neuankömmlinge hier nieder und wurden Bauern. Man nannte sie die «Latinfarmer», weil sie Latein konnten.

In der ersten Hälfte des 19. Jahrhunderts, besonders nach der Niederschlagung der Märzrevolution von 1848, flohen viele Menschen vor der politischen Unterdrückung im autoritären und konservativen Deutschland. Sie waren jung und gebildet, sehnten sich nach Freiheit und Gerechtigkeit und hofften, in den USA Teil einer demokratischen Gesellschaft zu werden. Allerdings war ihr Anteil an der Gesamtzahl der Auswanderer nicht sehr groß.

Viele von ihnen verschlug es nach Wisconsin. Der deutsche Revolutionär Carl Schurz, der unter Abraham Lincoln US-Botschafter wurde und als Divisionskommandeur deutsche Freiwillige im amerikanischen Bürgerkrieg führte, lebte eine Zeitlang in Watertown/Wisconsin. Hier heiratete er Margarethe Meyer, die 1856 in der Stadt den ersten Kindergarten der USA gründete. Diese Bezeichnung ist nahezu unverändert geblieben, amerikanische Kids besuchen heute noch einen «kindergarden».

Ob es an der demokratischen Gesinnung der deutschen Einwanderer lag, dass Wisconsin und ganz besonders Milwaukee Anfang des 20. Jahrhunderts als besonders fortschrittlich galten? Jedenfalls wurde 1910 der deutschstämmige Emil Seidel zum Bürgermeister dieser Stadt gewählt; er war der allererste sozialistische Bürgermeister einer größeren Stadt in den USA. Später stellte er sich sogar als Vizepräsident zur Wahl, obwohl klar war,

Die Brüder Don und DuWayne (hinten) beim German Fest in Wausau/Wisconsin

dass Sozialisten gegen die Demokraten und die Republikaner keine Chance hatten. Dennoch erzielte seine Partei ein anständiges Ergebnis. Um diese Zeit bekam eine der Leib- und Magenspeisen der Deutschen jedenfalls einen beinahe revolutionären Spitznamen, unser traditionelles Sauerkraut wurde zum «liberty cabbage» umbenannt …

Diese ruhmreiche Vergangenheit liegt weit entfernt, das moderne Deutschland auch, und nach dem polnischen Pommern sehnen sich Don und DuWayne nicht. Denn «richtige Pommern», wie sie selbst welche sind, haben sie in der Heimat ihrer Vorfahren nicht gefunden.

«Ich glaube, in Amerika leben die letzten Pommern von der ganzen Welt», sagen sie, «und bald wird es gar keine mehr geben.»

Ihr Deutschland, ihr Pommern ist ein mystischer Ort, den sie in sich tragen. Wenn sie zusammen alte pommersche Lieder singen, klingt das, als würden sie vom gelobten Land erzählen.

See you later at Oompafest», so verabschiedet sich eine Frau, mit der ich mich gerade bei der Steubenparade auf der Fifth Avenue in New York unterhalten habe.

Oompa, Oompah oder Umpafeste gibt es überall auf der Welt, wo viele Deutschstämmige leben. Diese Begriffe beziehen sich auf die Blasmusik, auf die «Humba-humba-humba-täteräa»-Klänge und -Rhythmen der Kapellen, also das, was im Deutschen manchmal als Bumsmusik bezeichnet wird. Im Ausland steht sie für die gesamte deutsche Volksmusik, wird hin und wieder sogar für die Volksmusik aller Nationalitäten verwendet.

In New York findet das Oompafest als krönender Abschluss der Parade im Central Park statt. Wo sonst Whitney Houston, Michael Jackson und andere Stars auftreten, steht ein großes Zelt, und von überall her strömen Menschenmassen dorthin. Ich fühle mich ein bisschen erschlagen, bin auch müde. Seit Stunden drehen wir auf der Steubenparade, laufen mit, rennen manchmal, um bestimmte Gruppen genau da einzuholen, wo unser Kameramann sie filmen möchte. Ich habe mit so vielen Teilnehmern gesprochen, so viele Geschichten gehört, dass mein Kopf von Eindrücken, Bildern und Gesichtern fast überquillt.

Die Parade ist ein absolutes Highlight für die amerikanisch-deutschen Vereine. Es gibt jede Menge Kutschen und geschmückte Wagen, dazu marschieren unter Blasmusikbegleitung allerlei Trachtengruppen aus deutschen und deutschsprachigen Gegenden; auch Faschings- und Schützenvereine sind dabei. Eine größere Gruppe ist extra aus Oldenburg angereist; sogar ein Shanty-Chor aus Ostfriesland läuft stolz mit. Die Jungs sind mit Bus, Zug und Flugzeug gekommen, sie freuen sich wie Schneekönige, singen die «Nordseewellen» und «Rolling home». Ich freue mich, sie zu sehen: Ihr Anblick ruft in mir heimatliche Gefühle hervor und auch schöne Urlaubserinnerungen aus meiner Kindheit.

Am Straßenrand drängeln sich die Schaulustigen, laut Polizeibericht sind es an die Hunderttausend. Die Parade zieht auf der Fifth Avenue in Manhattan von der 64. bis zur 86. Straße. Früher nannte man die 86. Straße den «Sauerkraut Boulevard», weil er bis in die siebziger Jahre das deutsch-amerikanische Zentrum New Yorks war mit vielen Vereinshäusern, deutschen Restaurants, Metzgereien und Bäckereien.

Als ich mit meiner Cousine, die aus Minneapolis zu Besuch ist, zum Oompafest komme, beobachte ich, wie die American Security knallhart die sympathischen Ostfriesen zurechtstutzt, die nicht ganz begreifen, wo sie langgehen sollen. Die Jungs behalten ihre gute Laune und regen sich über den harschen Ton nicht auf. Sie kommen aus Aurich, angeblich sind die Menschen dort ja ziemlich trocken, aber mir scheinen sie eher weltoffen zu sein. Vielleicht liegt das daran, dass sie am Meer leben und deshalb buchstäblich einen ganz weiten Horizont haben; jedenfalls schätze ich ihre Mentalität sehr.

Der Shanty-Chor will ins Zelt, denn dort sind schon die Oldenburger und viele der anderen Trachtengruppen. Mir ist es darin zu voll und zu laut. Ich bleibe lieber draußen und schaue mich um. In der Nacht wird das Reinigungspersonal alle Spuren der deutschen Feier beseitigen. Nächstes Wochenende werden andere die Fifth Avenue entlangmarschieren und danach hier feiern. Nicht nur die Deutschen, auch die Mexikaner, die Jamaikaner, die Afroamerikaner und alle großen Bevölkerungsgruppen lassen in New York die Klänge ihrer Heimat zwischen den Wolkenkratzern steigen und führen vor, dass sie eine eigene Kultur besitzen.

In Deutschland wird die Volksmusik in manchen Kreisen belächelt. Viele junge Leute halten sie und alle, die sie gern hören, für hoffnungslos rückständig. Wenn überhaupt, lassen sie gerade noch die Künstler gelten, die traditionelle Formen mit Blues, Jazz oder Rock kombinieren. Als Oromo-Deutscher habe ich ein entspanntes Verhältnis zu ihr wie auch zu zumindest einigen Trachten- und Heimatvereinen. Letztlich sind dies doch alles Versuche, eine kulturelle Eigenart und damit auch Vielfalt zu bewahren, die in Zeiten der Globalisierung zu verschwinden droht.

Die Oromo-Musik mag ich sehr. Sie ist sehr lebendig und kein bisschen einheitlich. Wenn die Oromo feiern, hört man traditionelle Lieder, Folklore, Popmusik und sogar Hip-Hop. Diese verschiedenen Richtungen vertragen sich, sie existieren wunderbar nebeneinander. Oft gibt es Sprechgesang, der mit einem Saiteninstrument begleitet wird, und die Texte erzählen weniger von Liebe und Sehnsucht, sondern reflektieren eher die Lage des Landes, die Unterdrückung des eigenen Volks. Manche Oromo-Künstler sind sehr erfolgreich und machen als Popstar Karriere, und zwar nicht nur in Oromya, sondern auch in den USA.

Überhaupt liebe ich Musik, viele Arten von Musik. Ich freue mich, wenn ein Lied aus einem offenen Fenster kommt oder ich wie in Brooklyn plötzlich an einer Straßenecke sechs Jungen stehen sehe, die a cappella singen. Sie hatten Weltklasse, ebenso wie viele der Sängerinnen und Sänger, die ich im chinesischen Fernsehen entdeckte, als ich mich im Hotelzimmer ausruhte. Sie sangen Cover-Versionen internationaler Hits, alles auf Chinesisch – es war großartig.

In Nebraska erfuhr ich an einem freien Abend, dass in der Nähe ein Open-Air-Gospelkonzert mit Kirk Franklin stattfand. Schon als kleiner Junge in Äthiopien habe ich sehr gern Gospel gehört. Bei uns in der Kirche werden gospelähnliche Lieder gesungen, der ganze Gottesdienst ist nicht so ernst wie in Deutschland, es darf sogar geklatscht werden, wenn der Pastor etwas sagt, was einem gefällt. Außerdem mochte ich damals Harry Belafonte, das Golden Gate Quartet, später Bob Marley, Jimmy Cliff und Kool & The Gang – sie alle wurden meine Vorbilder, waren wichtig für meine Identität. Die Musik von Kirk Franklin lernte ich etwas später kennen, auch er gehörte bald zu den Künstlern, die ich besonders schätzte.

Also beeilte ich mich, um rechtzeitig zum Konzertort zu gelangen. Leider bekam ich nur noch die letzten Songs mit, aber ich war total begeistert. Kirk Franklin ist eine Rampensau, ein wahnsinniger Bühnenmensch und einer der größten Gospelarrangeure überhaupt. Ich finde es grandios, wie er die Musik entwickelt hat und nicht mehr die alten, traditionellen Gospels spielt, sondern sie ganz modern mit Funk- und Soul- und Hip-Hop-Elementen anreichert. Ein solches Konzert ist für mich wie Nahrung, davon kann ich lange zehren, und es inspiriert mich auch für meine eigene Arbeit.

Über Geschmack lässt sich nicht streiten. In puncto Musik sollte man es tunlichst vermeiden, vor allem wenn man in einen Mietwagen eingesperrt ist und zusammen Hunderte von Kilometern fahren muss. So ist es immer wieder auf unseren Reisen mit dem NDR. Julia mag besonders gern Singer-Songwriter-Musik, sie hat sie sozusagen schon in der Wiege gehört, denn ihr Vater Clive Westlake war ein begnadeter walisischer Musiker. Er hat wunderbare Lieder für Tom Jones, The Hollies, Dusty Springfield und viele andere Sänger komponiert, seine Songs schafften es bis ganz oben in die Charts.

Wenn wir unterwegs sind, versuchen Julia und ich immer von neuem, uns gegenseitig für Stücke, die wir toll finden, zu begeistern – aber das klappt leider selten. Da wir keine Streithansel sind und nicht ständig mit Kopfhörern nebeneinander sitzen möchten, suchen wir den goldenen Mittelweg. Und so schalten wir dann auf unseren langen Fahrten durch die USA Countrysender ein.

Country passt gut zur Landschaft, ihrer Weite und zur Geschichte Amerikas. Heute gilt es als die Volksmusik der Amerikaner. Entstanden ist Country in den Südstaaten, ungefähr zur selben Zeit wie der Blues, die Musik der Afroamerikaner, die als Sklaven hierher verschleppt wurden. Country und Blues entwickelten sich parallel und im ständigen Austausch, beide sind Musikstile der Unterschicht. Das Banjo, ein afroamerikanisches Instrument, haben die Countrymusiker übernommen. Wer bei ihren Songs genau hinhört, erkennt deutliche Elemente aus unterschiedlichen Kulturen, darunter schottische, irische, französische oder auch deutsche – so wird zum Beispiel in manchen Songs fast wie in Bayern gejodelt.

Neben den traditionellen Liedern, die manchmal wie in der deutschen Volksmusik seit Jahrzehnten mehr oder weniger im gleichen Stil gesungen werden, haben sich im Laufe der Zeit unendlich viele Mischformen mit anderen Musikrichtungen entwickelt, sodass die Musikkritiker mit der Etikettierung gar nicht nachkommen. Künstler sind ja wie alle Menschen. Manche interessieren sich nur für die eigene Kultur, bleiben lieber unter sich und halten alles Fremde für verkehrt. Andere lassen sich freudig auf Neues ein. Diesen beiden Haltungen begegnete ich auch, als ich nach Deutschland kam.

ÖVER DE STILLEN STRATEN

Wir wohnten erst wenige Tage in Falkenburg, als mich meine Mutter eines Morgens Brötchen holen schickte. Die Bäckerei war voll, ich musste warten. Währenddessen hörte ich die Leute in einer seltsamen Sprache mit der Verkäuferin reden. Das klang ähnlich wie Deutsch, aber ich verstand nicht, was sie sagten.

«Und wat möchtst du denn, mien Jung?», fragte mich schließlich die Verkäuferin, die mich bereits vom Sehen kannte.

Drei Minuten später rannte ich mit meinen Brötchen nach Hause und erzählte meiner Mutter von diesem seltsamen Erlebnis.

«Das ist Plattdeutsch», erklärte sie, «die Sprache der Landbevölkerung. Früher haben sie alle Leute in Norddeutschland gesprochen. Man kann das mit den Sprachen bei uns in Äthiopien vergleichen ...»

Ich war neugierig geworden. Und bald sollte das Platt meine sechste Sprache werden.

Am ersten Tag in der Dorfschule nahm mich der Lehrer mit nach vorne und stellte mich den anderen vor.

«Das ist Yared», sagte er, «euer neuer Mitschüler. Seid nett zu ihm.»

Ich hatte schon oft die Schule gewechselt, also kannte ich dieses Ritual und schaute mich um, bis er mir meinen Platz zeigte. In Falkenburg war es für mich leichter als in Osnabrück, Addis oder Nairobi: Die Schule war klein und übersichtlich. Es gab zwei Jahrgangsstufen pro Klasse, und ich hatte weniger als zwanzig

Mitschülerinnen und Mitschüler, die ich sehr schnell kennenlernte. Wir wohnten ja alle nah beieinander! Ein paar Häuser weiter hatten mein Bruder und ich bald Freunde, mit denen wir oft Fußball spielten.

In der Schule wurde Hochdeutsch gesprochen, sogar in den Pausen, aber es gab einen plattdeutschen Kinderchor und eine plattdeutsche Theater AG. Wir beiden wollten gern da mitmachen. Die Lehrerin, die sich darum kümmerte, fand es toll, dass sich zwei in Afrika geborene Kinder für Platt interessierten, und unterstützte uns beide sehr. Mein Bruder ging in die Theatergruppe, ich zum Kinderchor.

Eines Abends fand eine Aufführung der Theatergruppe in der einzigen Gaststätte Falkenburgs statt. Mein Bruder, der erst neun war, rezitierte dort ein Gedicht auf Platt. Meine Eltern und ich haben uns kaputtgelacht, weil er es so ernst und getragen tat, die anderen Zuschauer waren begeistert, und er bekam viel Applaus.

Im Kinderchor übten wir «Över de stillen Straten» nach einem Gedicht von Theodor Storm ein. Ich sang einfach die Worte, die auf dem Textblatt standen, über ihre Bedeutung zerbrach ich mir nicht den Kopf. Mir gefiel die Melodie und vor allem das gemeinsame Singen. Als unsere Lehrerin mich fragte, ob ich bei Lesewettbewerben auf Platt mitmachen wollte, war ich sofort einverstanden. Ich nahm alles gern mit, saugte die neuen Worte wie ein Schwamm auf, und bald verstand ich auch, was ich las und was wir sangen, ohne die Sprache je wirklich gelernt zu haben. Damals hatte ich zunächst keine Gelegenheit, sie zu sprechen, oder nur ganz selten, wenn ich bei Freunden zu Hause war, deren Eltern oder Großeltern untereinander Platt schnackten. Dann wechselte ich ein paar Worte mit ihnen.

Wie die meisten Jungs und Mädchen in dem Alter hatten mein Bruder und ich mit elf, zwölf Jahren eine ungeheure Energie. Wir mussten raus, Fahrrad fahren, miteinander raufen,

Meine fünfte Klasse in Ganderkesee

Räuber und Gendarm spielen, allein die Umgebung erforschen – all das war in Falkenburg möglich! Wir liefen eine Viertelstunde zu Fuß oder fuhren ein paar Minuten mit dem Fahrrad, und schon waren wir im Hasbruch. Das ist ein über sechshundert Hektar großes Waldgebiet, das damals zum Teil noch bewirtschaftet wurde und heute ganz unter Naturschutz steht. Mein Bruder und ich brauchten keinen Abenteuerspielplatz, wir hatten unseren Hasbruch, in dem wir Entdecker und Abenteurer waren.

Und wie es zu einer echten Jugend auf dem Land nun einmal gehört, engagierten wir uns später auch im Vereinsleben. Viele Jungs in unserem Alter waren entweder bei der Freiwilligen Feuerwehr oder beim Technischen Hilfswerk, wir entschieden uns für das THW in Bookholzberg, weil bereits einige Freunde von uns dort waren.

Allerdings steckte ich meine Energie nicht nur in körperliche Aktivitäten. Meine Mutter erzählt, dass ich schon als kleines

Kind ohne Punkt und Komma redete. Auch in der Schule sprach ich gern und viel, und wenn es darum ging, beim Krippenspiel mitzumachen, meldete ich mich sofort. Welche Rolle ich bekam, liegt auf der Hand: Immer durfte ich den Caspar spielen, einen der Heiligen Drei Könige, und meine Gefolgschaft wurde, damit sie zu mir passte, mit einer Paste aus Creme und Kakao angemalt. Dabei hätte ich gerne auch mal den Joseph gespielt …

Meine Leidenschaft für die Bühne war jedenfalls geweckt, das Theaterspielen wurde auch außerhalb der Weihnachtszeit zu einem Hobby. Außerdem lernte ich in der Musikschule Klavierspielen, nahm bei einem Nachbarn Gitarrenunterricht, und mit zwölf oder dreizehn Jahren fing ich an zu trommeln. Später, mit sechzehn, trommelten mein Bruder und ich zusammen in einer achtköpfigen Band namens Calacaan. Wir gaben viele Konzerte, auch vor großem Publikum in verschiedenen Discotheken und sogar in der Weser-Ems-Halle in Oldenburg.

Ungefähr zu dieser Zeit begann ich, als Dressman zu jobben und verdiente für das Alter gutes Geld mit Modefotos. Diesen ersten Ausflug in die Glitzerwelt verdanke ich einem Ferienjob in einem Modegeschäft in Delmenhorst. Die Inhaberin einer Modelagentur sah mich und fragte, ob ich nicht Lust hätte, bei ihrer nächsten Modenschau mitzumachen. Sofort am nächsten Tag rief ich sie an. Wieder lernte ich eine ganz neue Welt kennen: Models, Laufsteg, Fotografen und Partys – und Freunde, die mich noch lange begleiten sollten.

In meiner Freizeit konnte ich meine Fähigkeiten und meine Kreativität ausleben und entwickeln, für die in der Schule kein Raum war. Denn der Schulalltag war für mich frustrierend. Nach Ansicht meiner Lehrer hatte ich eine Rechtschreibschwäche, die wohl darauf zurückzuführen ist, dass mir zwei Jahre im deutschen Schulsystem fehlten – ein Problem, das ich mit vielen Migranten- und Flüchtlingskindern gemeinsam habe. Ich hatte jedenfalls das Gefühl, dass meine Vielsprachigkeit und das Erlebte in den Terrorjahren in Oromya keine Rolle spielten.

Meine Noten waren schlecht, sodass vier von sechs Lehrern mich auf die Hauptschule schicken wollten. Doch meine Eltern bestanden darauf, dass ich auf die Realschule ging.

«Wenn das nicht klappt, kannst du immer noch auf die Hauptschule gehen», sagten sie.

Ich blieb einmal sitzen, aber dann schaffte ich es doch, den erweiterten Realschulabschluss abzulegen, und wechselte zum Delmenhorster Gymnasium an der Max-Planck-Straße. Nach dem Abitur wollte ich am liebsten gleich auf die Schauspielschule gehen, aber als ich davon sprach, waren meine Eltern selbstverständlich dagegen. Ich sollte erst mal etwas Anständiges lernen, sagten sie.

In meiner Pubertät hatte es zwischen uns Konflikte gegeben, wie sie alle jungen Menschen in diesem Alter erleben. Oft stritten wir, und ich habe nie verstanden, was sie von mir wollten – aber ich glaube, sie haben mich auch nicht verstanden. Wie immer ging es um Klamotten, Weggehen und Schulnoten. Hinzu kamen dann noch die Konflikte, die entstehen, wenn man in zwei Kulturen lebt. Zum Beispiel durfte ich erst nach langen Verhandlungen eine Freundin mit nach Hause bringen, tagsüber versteht sich. An Händchenhalten und Knutschen vor meinen Eltern war schon mal gar nicht zu denken, denn das ist in der Kultur der Oromo eine Respektlosigkeit gegenüber den Eltern und anderen Erwachsenen.

Meist sucht man in der Pubertät nach der eigenen Identität, bei vielen Auswandererkindern taucht in dieser Phase auch die verlorene Heimat wieder auf. Für mich war sie ohnehin nie ganz verschwunden. Im Lutherstift, wo mein Vater in der Erwachsenenbildung arbeitete, fanden regelmäßig Tagungen über die Lage der Oromo in Äthiopien und die der Oromo-Flüchtlinge in aller Welt statt. Zu diesen Konferenzen und Seminaren kamen

Mit etwa 16 Jahren

Oromo aus ganz Deutschland und auch aus dem Ausland nach Falkenburg. Manche übernachteten bei uns, am Abend saßen wir dann mit vielen Gästen im Wohnzimmer, aßen Oromo-Speisen und redeten bis spät in die Nacht.

Langsam nistete sich eine nagende Sehnsucht in mir ein. Ich dachte nicht mehr an den Terror, nicht an die politische Situation, sondern nur daran, dass es in Oromya viel schöner als in Deutschland sei und ich dort gar keine Probleme mehr hätte. Oder wenn doch, dann andere, die sich leichter lösen ließen. Wenigstens würde ich mich nicht ständig mit der Frage herumplagen müssen, die so viele Einwanderer und ihre Kinder beschäftigt: ob ich in der neuen Heimat wirklich dazugehöre.

DEUTSCHAFRIKANER

Yared, du bist einer von uns.»

Das sagt Jahre später ein älterer weißer Farmer in Südafrika zu mir. Er scheint es ernst zu meinen. Ich glaube, in diesem Augenblick sieht er in mir einen Freund, weil er sich bestens auf Platt mit mir unterhalten kann, jemanden, der sich für sein Leben interessiert und ihm lange zugehört hat. Dass ich schwarz bin, hat er inzwischen vergessen.

Bevor wir nach Südafrika flogen, hatten uns viele Leute vor den Gefahren dieser Reise gewarnt. «Ihr müsst aufpassen, die Kriminalität ist sehr hoch. Im Auto müsst ihr die Türen sofort von innen verschließen, ihr dürft unterwegs keine Umwege machen, niemals die Hauptstraße verlassen oder am Straßenrand stehen bleiben, es werden ständig Leute überfallen und oft erschossen ...» Menschen, die eine Zeit in dem Land verbracht haben, erzählten uns Schauergeschichten. Ich tat es als unnötige Panikmache ab, hatte selbst ganz andere Bedenken.

Bis 1991 war die südafrikanische Gesellschaft in Rassen eingeteilt, die wegen der Apartheidgesetze streng voneinander getrennt lebten: die Schwarzen, die Farbigen, die Asiaten und die Weißen. Heute sind wie in Namibia im Prinzip alle gleichgestellt, in Wirklichkeit ist man noch meilenweit von einer gerechten Gesellschaft entfernt, und die verschiedenen Bevölkerungsgruppen – um nicht mehr von Rassen zu sprechen – bleiben immer noch unter sich.

An die achtzig Prozent der Südafrikaner sind Schwarze aus vielen verschiedenen Volksgruppen wie Zulu, Xhosa oder Basotho, etwas über zwei Prozent sind Asiaten meistens indischer Herkunft, und fast neun Prozent sind Farbige, auf Englisch «coloured». So nannte man früher die Kinder von schwarzen und weißen Elternteilen.

Die Bessergestellten sind die ebenfalls neun Prozent Weißen, deren Vorfahren vor langer Zeit das Land kolonisierten oder später besiedelten. Erst kamen die Niederländer, dann Briten, Franzosen und Deutsche, die einander in den Burenkriegen bekämpften. Die Buren, das waren auf Niederländisch die Bauern. Man hatte in Südafrika Gold- und Diamantenfelder entdeckt, und nun wollte jeder das größte Tortenstück bekommen, am besten sogar den ganzen Kuchen.

Verfeindet sind die Weißen untereinander nicht mehr, sie leben nebeneinander, kommen miteinander zurecht. Aber nur weil sie weiß sind, heißt es noch lange nicht, dass sie einander mögen. Die Unterschiede der Mentalitäten und Lebensarten bleiben sehr groß.

Mit dem NDR-Team wollen wir deutschstämmige Farmer besuchen, alles wohlhabende Menschen, die Schwarze als billige Arbeitskräfte beschäftigen. Ich kann nicht vergessen, dass dieses Land, das sie bewirtschaften, früher den Schwarzen gehörte. Wird es möglich sein, mit ihnen darüber zu sprechen? Das möchte ich unbedingt versuchen, aber wie? «Die Welt op Platt» ist keine politische Sendung, dennoch probieren wir durchaus, näher an die Menschen heranzukommen. Im lockeren Gespräch zu erfahren, was unsere Interviewpartner wirklich bewegt, ist manchmal leicht, manchmal eine Gratwanderung – wie in Namibia oder Südafrika. Über all das mache ich mir im Vorfeld viele Gedanken.

Als wir in Johannesburg ankommen, scheint alles friedlich zu sein. Wir fliegen weiter nach Durban, der großen Hafenstadt am Indischen Ozean, von dort aus fahren wir mit dem Wagen ins Landesinnere nach Pietermaritzburg. Nirgends fühlen wir uns bedroht, und die ersten Begegnungen mit den Weißen sind, meinen Bedenken zum Trotz, sehr herzlich und unkompliziert. Überall lädt man uns ein, wir sitzen in familiärer Atmosphäre mit freundlichen Menschen zusammen, aber ich bin dabei nicht ganz entspannt.

Vor sechzehn Jahren hätte ich mich niemals frei durch das Land bewegen dürfen; wahrscheinlich hätte man mich nicht einmal hereingelassen! Und wenn doch, wäre kein Weißer in dieser Gegend auf die Idee gekommen, mir in seinem Garten Kaffee und Kuchen aufzutischen, das war strengstens verboten. Heute ist es erlaubt, aber die Schwarzen, die ich sehe, sind Angestellte und nehmen am geselligen Leben der Deutschstämmigen nicht teil.

Die Republik Südafrika hat einen schwarzen Präsidenten und viele Amtssprachen: Afrikaans, Englisch, isiNdebele, isiXhosa, isiZulu, Nord-Sotho, Süd-Sotho, Setswana, Siswati, Tshivenda, Xitsonga. Weder Hochdeutsch noch Platt gehören dazu. Umso erstaunlicher ist es, dass unsere südafrikanischen Plattschnacker offensichtlich mühelos die Sprache am Leben halten. Auf dem Grillfest, das man dort Braifest nennt, wird nur Platt gesprochen, auf Platt gesungen und auf Platt gescherzt. Es ist unter diesen Farmern und ihren Familien die normale Umgangssprache, die Alltagssprache – dabei sind sie schon seit fünf oder sechs Generationen fern der Heimat!

«Das glaubt mir keiner, wenn ich es zu Hause erzähle», werfe ich in die Runde. «Da werden die Plattschnacker in Norddeutschland schon neidisch werden.»

«Platt ist doch viel geselliger als Hochdeutsch», ruft eine junge Frau, die ihr Gesicht lachend versteckt, weil sie nicht gefilmt werden mag.

«Ich habe meinem Mann Platt beigebracht», berichtet eine andere, «er konnte nur Hochdeutsch und ich gar kein Hochdeutsch. Ich bin mit Platt und Zulu aufgewachsen.»

Zulu ist die Sprache der Schwarzen aus der Gegend. Die Menschen hier sind alle vielsprachig. Neben Platt sprechen sie Afrikaans, Englisch und eben auch Zulu. Am nächsten Tag höre ich, wie sich ein Farmer fließend mit den Zuckerrohrarbeiterinnen in dieser Sprache unterhält – das klingt gut, aber ich verstehe kein Wort.

Viktor, ein blonder Mann, spricht mich auf Platt an. Er möchte mir etwas auf dem Parkplatz zeigen. Ich begleite ihn zu seinem Auto, aus dem er eine riesige Schlange holt und sie sich um den Hals legt.

«Was für ein Tier», staune ich, «in Deutschland hat man Wachhunde …»

«Hunde habe ich auch. Und noch mehr Schlangen, insgesamt sechs Stück. Diese heißt Puffy, das ist ein burmesischer Python. Zu Hause habe ich eine größere, die ist fünf Meter lang, könnte einen schon erdrücken. Du kannst Puffy anfassen, sie tut nichts.»

Der Python fühlt sich warm an, aber weder er noch ich sind sonderlich aneinander interessiert, und so wird er ins Auto zurückgelegt. Wir kehren zu den anderen zurück. Auf dem Grillfest spielt jetzt die Blaskapelle Wunderbar aus Hermannsburg.

«Hermannsburg in Quazulu Natal», erklärt mir einer der Bläser, der einen bayerischen Sepplhut mit Gamsbart trägt. «Wir spielen deutsche Musik, Biertrinkmusik!»

Heinrich, ein stattlicher und jovialer Farmer, der um die siebzig sein dürfte, steht mit gerötetem Gesicht am Grill. Ich frage ihn, was da brutzelt und duftet.

«Das muss ich auf Englisch sagen. Das ist Porterhouse, das ist Rumpsteak, und das ist T-Bone-Steak.»

«Und das ist eine Bratwurst.»

«Nein, eine Burenwurst. Sie ist besonders gewürzt, das haben die Buren erfunden.»

Dazu isst man Kartoffelsalat. Oder Putu – keine Pute, sondern einen Zulu-Maisbrei, der lecker schmeckt. Die Kapelle macht

Braifest in Südafrika

Pause. Einer der Männer greift nach einer Gitarre und singt mit einigen anderen: «Hoch vom Drakensberg, wo das Eland springt, bis zur Küste, wo der Inder singt, wo drei Menschenrassen durcheinanderwohnen, wo am Tag die Sonne scheint und nachts der Mond, ja das schöne Land ist mein Heimatland, oh Natal, du bist ja so charmant ...» Den Refrain singen fast alle mit.

Heinrich steht neben mir. Als das Lied zu Ende ist, zeige ich auf die beiden Fahnen, die man im Garten gehisst hat.

«Sag mal, das ist doch die alte südafrikanische Flagge ...», fange ich an.

«Ja, das ist die alte», sagt er.

«Ist das in Ordnung?», frage ich.

«Natürlich. Wir können doch das Alte und das Neue haben. Ich bin alt, aber ich fühle mich in der neuen Situation wohl.»

«Ich dachte, das sei die Apartheidflagge ...»

Heinrich mag das nicht. Er weist mich darauf hin, dass man überall Probleme habe, in Deutschland auch.

«Es gibt dumme Leute, die es nicht lassen können, aber wozu jetzt von Apartheid sprechen, wir haben eine neue Demokratie, wir können alle miteinander klarkommen ...»

Gespräch beendet. So geht Heinrich mit seiner Vergangenheit um. Aber er lädt uns ein, ihn auf seiner Farm zu besuchen, früh morgens, bevor die Arbeit beginnt.

Punkt fünf Uhr beginnt es langsam hell zu werden, es ist diesig, die ersten Sonnenstrahlen lassen den Nebel golden erscheinen. Auf einer Veranda sind Arbeiter versammelt, viele Frauen mit Kopftüchern und einige Männer. Heinrich und seine Familie gesellen sich dazu. Es ist Zeit für die Morgenandacht. Die Arbeiterinnen und Arbeiter, alles Schwarze, singen mehrstimmig im Chor, auf Zulu. Das Lied ist wunderschön, klingt wehmütig und kraftvoll zugleich.

Nach der Andacht steigen die Arbeiter auf die Ladefläche eines Anhängers und fahren stehend zu den Zuckerrohrfeldern. Ich schaue ihnen lange nach. Noch heute sehe ich vor mir, wie das Fahrzeug durch die Landschaft fährt, wie der Nebel rosa wird und sich langsam auflöst.

«Wir machen diese Andacht auf unserem Hof jeden Morgen, schon seit vielen Jahren», erklärt Heinrich. «Das haben sich unsere Leute so gewünscht. Eines Tages haben sie sich versammelt, wir waren nicht dabei, wussten nicht, worum es ihnen geht. Wir fragten, ob es Probleme gibt. Sie sagten, dass sie vor der Arbeit eine Andacht wollten und wir auch dabei sein sollten. Das machen wir seit dem Tag. Zwischen uns und den Arbeitern ist eine besondere Stimmung entstanden, es trägt dazu bei, dass wir ein gutes Verhältnis miteinander haben.»

«Sind deine Arbeiter alle Christen?»

«Nicht alle. Es gibt noch einige wenige, die nichts damit zu tun haben wollen, man sieht sie ein Stück weiter weg stehen. Wir üben keinen Zwang aus, aber durch das Regelmäßige dringt man auch zu ihnen durch. Wir hoffen schon, dass alle irgendwann Christen werden ...»

Mit den Siedlern kamen auch Missionare nach Südafrika. Jetzt gehören siebzig Prozent aller Südafrikaner zu einer der vielen christlichen Kirchen. Im Quazulu-Natal begann 1854 das Missionswerk der Hermannsburger Mission und brachte vor allem Deutsche aus der Lüneburger Heide hierher. Auf den Gräbern des Friedhofs von New-Hanover liest man typische Namen aus dieser Gegend, zum Beispiel Wortmann, Fortmann, Ortmann, Hillermann, Voigt und Egger. Wie auf anderen Kontinenten auch gaben die Siedler den Dörfern, die sie gründeten, die Namen ihrer Heimatdörfer – oder gleich den eigenen. Auf dem Weg nach New-Hanover sahen wir Schilder, die nach Wartburg und nach Schroeders zeigten; einen Ort namens Schroeder gibt es übrigens in Brasilien ebenfalls.

Über die Hermannsburger Mission kam auch Winfried Anfang der fünfziger Jahre nach Südafrika. Er ist inzwischen achtzig Jahre alt, ein älterer Herr, der gebildet und ein wenig in sich gekehrt zu sein scheint.

«Winfried, warum bist du damals hergekommen?», fange ich an.

«Ich wollte etwas Sinnvolles tun», antwortet er.

Wir sind in seinem Garten, er ist sehr grün, sehr gepflegt und wunderbar ruhig. Winfried spricht leise und langsam, man merkt ihm an, dass er nachdenkt und auf die Worte achtet, die er verwendet. Seine Geschichte voller schmerzhafter und glücklicher Wendungen ist nicht leicht zu erzählen.

«Ich bin in Mecklenburg geboren, genauer gesagt im Klützer Winkel. Wenn man ein Dreieck zwischen Lübeck, Wismar und Schwerin zeichnet, steht dieser Landfleck genau in der Mitte. Aufgewachsen bin ich auf einem Hof. Im Zuge der Grenzbegradigung nach dem Kriege fiel meine Heimat in die russische Besatzungszone. Dann wurden die großen Güter aufgelöst und ihre Besitzer verjagt, deshalb konnte ich nicht in Ostdeutschland bleiben.»

Winfried hatte nicht nur seine Heimat verloren, sondern alles, worauf er seine Existenz aufbauen zu können geglaubt hatte.

«Wir sind in einem Deutschland groß geworden, wo alle vom Tausendjährigen Reich sprachen und von einer Zukunft sondergleichen für die Jugend. 1945 war alles zerschlagen, wir standen vor dem Nichts. Die ganzen Hoffnungen, die Ideale, die Vorstellungen waren auf einmal weg.»

«Was waren denn deine Ideale?»

«Ich wollte immer Landwirtschaft machen, auf großen Flächen, nicht auf einem kleinen Hof. Großraumlandwirtschaft ...»

Nach dem Krieg saß Winfried in Gefangenschaft. Als er frei kam und die neuen Zustände in seiner mecklenburgischen Heimat sah, zog er nach Westdeutschland, in die Lüneburger Heide. Dort fand er keine Arbeit und war vollkommen verzweifelt. Eines Abends hörte er den Vortrag eines Pastors der Hermannsburger Mission über Südafrika und war so bewegt, dass er den Referenten danach ansprach.

«Wir haben zusammengesessen, ein Bier miteinander getrunken. Ich erzählte ihm von meiner Lage. Plötzlich sagte er, ich könne nach Südafrika gehen und dort als Landwirt den Missionaren helfen.»

«Und das hast du getan.»

«Ja. Verstehst du, ich habe mich nicht nur gefreut, wieder Landwirtschaft betreiben zu können. Die missionarische Idee dahinter war mir sehr wichtig. Mit Menschen, für Menschen zu arbeiten. Nach dem Krieg und nach all den Katastrophen, die wir erlebt hatten, wollte ich endlich etwas Sinnvolles tun in meinem Leben.»

Viele Jahre hat er auf dem Missionshof gearbeitet und den Zulus moderne Landwirtschaft beigebracht. Er stand manchen von ihnen sehr nah, als er vom plötzlichen Tod eines Zulu-Lastwagenfahrers berichtet, kommen ihm die Tränen. Seine Frau, die in Deutschland Lehrerin bei der Hermannsburger Mission war und ihm ein Jahr später nach Südafrika folgte, setzt sich zu uns. Sie hat ein rundes Gesicht und trotz ihres Alters eine frische, fast mädchenhafte Ausstrahlung.

«Ihr habt auch die ganze Apartheidzeit mitbekommen, wie war das denn für dich?», frage ich sie.

«Das ist sehr schwer zu sagen.» Auch sie denkt nach, sucht nach Worten. «Wir haben natürlich gesehen, wie die Leute darunter gelitten haben. Die Zulu-Familien, die auf der Missionsstation waren und mit uns gearbeitet haben. Es gab so viele Gesetze, die wir gar nicht verstanden. Ich habe zwölf Jahre lang mit den Frauen zusammen gesponnen, gewebt und gestrickt, die Sachen haben wir verkauft, so konnten sie ein wenig Geld verdienen.»

«Und du, Winfried, wie hast du diese Zeit erlebt?», frage ich weiter.

«Ein großes Problem der Apartheid sah ich darin, dass es an Bildung und an Anregungen fehlte», antwortet er. «Wir haben Vorträge organisiert und Referenten von den Universitäten Heidelberg und Hamburg eingeladen. Sie sind durch das Land gezogen, von einer Stadt in die andere, haben mit den Deutschstämmigen gesprochen, Diskussionsabende und Seminare veranstaltet.»

Eine Art Aufklärungsarbeit für die Weißen. Ob die Behörden das ohne weiteres zugelassen haben? Das kann ich mir nicht vorstellen.

«Habt ihr selbst keine Schwierigkeiten bekommen?»

«Doch. Die südafrikanische Regierung geriet wegen ihrer Politik der Rassentrennung unter Druck. Es gab internationale Proteste, und auch im Inland bewegte sich etwas. Die Regierung wurde unsicher und baute ihren Geheimdienst aus, ein ganzes Spitzelsystem. Man hatte Angst, dass wir etwas anzetteln. So kamen Leute in mein Büro, schauten, was ich für Bücher da habe. Mein Telefon wurde abgehört. Es kamen Spitzel zu den Vorträgen der Referenten, die beobachteten, wie die Zuhörer reagierten. Es war sehr unangenehm.»

Winfried und seine Frau sind froh, dass diese Zeiten vorbei sind. Über die Zukunft des Landes äußern sie sich vorsichtig zuversichtlich.

«Man muss Geduld haben, viel Geduld. Aber wir sind nicht besorgt. Wir glauben, dass wir eines Tages alle zusammen in diesem Land leben können, dass jeder sein Recht bekommt.»

ZUKUNFTSPLÄNE

Wenn ich nicht Schauspieler werden sollte, dann würde ich Manager werden, dachte ich mit einundzwanzig Jahren. Ich stellte es mir toll vor, als Geschäftsmann durch die Welt zu reisen, sah mich im Flieger mit Anzug und Aktenkoffer. Immer träumte ich vom Reisen.

Als ersten Schritt wollte ich eine Lehre machen, dann BWL studieren. So bewarb ich mich bei verschiedenen Firmen. Viele antworteten nicht, einige mit mehr oder weniger freundlichen Formschreiben. Ich habe sie nicht gezählt, aber bestimmt habe ich weit mehr als hundert Bewerbungen geschickt und wurde zehn oder zwölf Mal zu Vorstellungsgesprächen eingeladen.

Die meisten verliefen unerfreulich. Einige Chefs zeigten sich sogar offen rassistisch. «Sie sind ja Afrikaner, wie steht es bei Ihnen mit der Pünktlichkeit? Kann man sich auf Sie verlassen?», fragten sie und schauten mir dabei ungeniert ins Gesicht. Mir war klar, dass ich bei ihnen keine Chance hatte, und auch, dass ich mit solchen Chefs nicht arbeiten wollte.

Eines Tages kam ich mit wenig Hoffnung nach Bremen zu einem weiteren Gespräch, doch siehe da: Der Chef war vom ersten Augenblick an total nett und offen. Ich war überrascht, dass er mir gleich einen Kaffee bringen ließ, dachte mir, oh, was ist denn hier los? Kann es sein, dass dieser Mann ernsthaft erwägt, mich anzustellen? Er fragte mich zunächst nach meinen Zukunftsplänen, und ich erwähnte, dass ich später gern reisen würde.

«Wenn du dich anstrengst und die Lehre gut abschließt, kannst du auch für uns ins Ausland gehen», sagte er.

Ich bin mir nicht sicher, ob er mich wirklich gleich bei dieser ersten Begegnung geduzt hat, jedenfalls war mir sein Umgang sehr angenehm und die Atmosphäre in der Firma auch. Gollücke & Rothfos ist ein großes Handelshaus für Rohkaffeeimport, eines der weltweit größten im Kaffeegeschäft. Der Chef erzählte mir einiges über das Haus und über die Aufgaben, die mich erwarteten. Am Ende fragte er mich, ob ich bei ihnen anfangen wollte. Ich sagte selbstverständlich sofort ja.

«Meine Sekretärin setzt einen Vertrag auf, du nimmst ihn mit nach Hause, schläfst eine Nacht darüber, dann rufst du mich morgen an.»

Mit einem Vertrag in der Tasche ging ich heim. Ich fühlte mich großartig. Mich begleitete der Duft vom Kaffee und die Aussicht, meinen Traum zu verwirklichen. In gewisser Weise war auch Oromya wieder ein Stück näher gerückt: In der Region Kaffa liegt der Ursprung des Kaffees, den man heute in der ganzen Welt trinken kann.

Im Herbst 1990 begann ich meine Lehre als Kaufmann im Groß- und Außenhandel. Bremen ist weniger als zwanzig Kilometer von Hoykenkamp entfernt, wo meine Familie mittlerweile lebte, aber ich wollte unabhängig sein und nicht jeden Tag hin- und herfahren müssen. So wohnte ich eine Zeitlang zur Untermiete bei einer älteren Dame. Doch ich fand das Leben in Bremen nicht so aufregend, wie ich es mir erhofft hatte. Außerdem hatte ich Heimweh nach meinen Eltern und meinen Geschwistern. Nach anderthalb Jahren zog ich wieder zu Hause ein und pendelte zu meiner Arbeitsstelle

Inzwischen hatte sich in Hoykenkamp einiges verändert. Wir wohnten über einer ehemaligen Schule, deren Klassenräume zu einer Unterkunft für Flüchtlinge aus Ex-Jugoslawien umgebaut wurden. Das brachte unserem Haus eine ungewollte Aufmerksamkeit.

Am Silvesternachmittag 1991 erschien die Polizei und informierte uns, dass eine Gruppe Rechtsradikaler vorhabe, das Gebäude anzugreifen. Die Beamten boten an, in regelmäßigen Abständen bei uns vorbeizufahren. Mein Bruder und ich beschlossen, sofort unsere Silvestereinladungen abzusagen und zu Hause zu bleiben. Als unsere Freunde den Grund für unsere Absage erfuhren, sagten sie ihre Partys ebenfalls ab. Kurzerhand entschieden sie, statt zu feiern unser Haus mit zu bewachen. Nach einem Rundruf fanden sich gegen einundzwanzig Uhr über fünfzig Freunde von mir und meinem Bruder ein.

Alle packten sich warm ein, da wir zu der Zeit Minusgrade hatten. Meine Eltern versorgten uns mit Chili con Carne, Glühwein, Sekt und Wärmflaschen. Unser Nachbar Gerd lief in regelmäßigen Abständen mit seinem Hund «Dog»-Patrouille. Alle waren vorbereitet, den Rechtsradikalen entgegenzutreten. Bis vier Uhr am nächsten Morgen harrten wir aus. Doch unser Aufgebot schien Wirkung zu zeigen, die Silvesternacht verlief ohne Zwischenfälle. Dass unsere Freunde spontan beschlossen hatten, uns in diesem Moment zu unterstützen, machte diesen Jahreswechsel für mich und meine Familie trotz allem zu einem ganz besonderen, den wir nie vergessen werden.

Nachdem ich meine Ausbildung abgeschlossen hatte, zog ich zu Hause aus, diesmal endgültig, und wohnte in Bremen mit einem Freund zusammen. Er besuchte eine Schauspielschule und steckte mich erneut mit dem Theatervirus an. Den Gedanken an die Bühne hatte ich eine Zeitlang beiseitegeschoben, denn eigentlich wollte ich mich in der Kaffeebranche etablieren und so den Kontakt mit Oromya zu pflegen. «Vielleicht kannst du dadurch ein wenig zum Wiederaufbau deines Landes beitragen», sagte ich mir während der Lehre und auch noch danach.

Doch als ich in dieser Schauspielschule die ersten Stücke ansah und den Lehrer Fereydoun, einen Perser, kennenlernte, änderte ich meine Pläne.

«Du kannst erst nebenberuflich anfangen, dann musst du hundertprozentig einsteigen oder es sein lassen», sagte Fereydoun zu mir.

Wir hatten sofort einen guten Draht zueinander gefunden. Er war ein väterlicher Typ, der die Arbeit sehr ernst nahm und seinen Schülern viel abverlangte. Ich bestand die Aufnahmeprüfung und hatte von nun an an drei Abenden Schauspielunterricht nach der Stanislawski-Methode. Die Sprech-, Ballett-, Fecht- und Gesangsausbildung sowie alles andere, was man als Schauspieler noch so braucht, musste ich mir selbst organisieren. All dies kostete viel Geld, aber das war es mir wert. Ich habe während dieser Zeit viel für mich und für mein Leben gelernt.

Inzwischen arbeitete ich bei Jacobs Kaffee und quälte mich ein Jahr lang mit der Frage, ob ich kündigen sollte oder nicht. Der Job war toll, der Chef auch, wir verstanden uns gut; ich war auf dem besten Weg zu einer erfolgreichen Karriere, und ich war mir nicht sicher, ob ich das alles aufgeben wollte. Die Situation bereitete mir manch schlaflose Nacht. Schließlich sprach ich mit meiner Mutter darüber. Sie hörte mir aufmerksam zu. Dann meinte sie:

«Mach es doch, wenn es nicht klappt, kannst du immer noch eine neue Lehre machen oder eben studieren.»

Ich war erleichtert und dankbar für ihre Unterstützung, aber ich musste noch mit meinem Vater sprechen. Davor hatte ich Bammel, denn er wünschte sich, dass seine Kinder studierten.

«Wenn du meinst, dass es für dich der richtige Weg ist, und wenn du es unbedingt machen willst, dann stehe ich hinter dir», sagte er.

Mit diesen Worten gab er mir sehr viel Kraft. Jetzt musste ich nur noch meinem Chef mitteilen, dass ich mich entschieden hatte zu gehen. Ich wollte es nicht schriftlich und unpersönlich machen, deshalb besuchte ich ihn an einem Sonntagnachmittag zu Hause.

«Du spinnst!», rief er vollkommen schockiert.

In der Firma zog mich unser Abteilungsleiter auf: «Ach, Yared, du willst wohl nach Hollywood, dir einen Oscar holen!»

Daran dachte ich nicht. Ich war einfach Feuer und Flamme für das Theater. Nachdem ich gekündigt hatte, bekam ich zum Glück eine Halbtagsstelle bei meiner ersten Firma in der Probenküche. So probierte ich morgens den Rohkaffee, klassifizierte die Proben und lagerte sie ein, und vom Nachmittag bis in den Abend lernte ich den Schauspielerberuf. Die Zwischenprüfung lief gut, aber 1995 fiel ich bei der Abschlussprüfung durch.

Ich war niedergeschlagen. Aus meiner Klasse waren drei andere Schüler ebenfalls durchgefallen, einige hatten aufgehört, drei hatten bestanden. Es war hart, aber ich biss die Zähne zusammen und machte weiter. Ich wollte es schaffen – unbedingt.

Nach einem Jahr spielten wir zum Abschluss der Ausbildung das Commedia-dell'Arte-Stück «Mirandolina» von Carlo Goldoni. Ich hatte die Rolle des Marchese von Forlipopoli bekommen. Auf der Bühne trug ich eine Perücke und ein Gewand im Stil des 18. Jahrhunderts; als alter Mann musste ich mich weiß schminken und mir eine Nase ankleben, sprach mit einer Greisenstimme.

Bei der Premiere saßen meine Eltern und Freunde im Publikum. Mein Vater fragte die anderen: «Wo bleibt denn Yared, wann kommt er denn endlich?» Dabei stand ich längst auf der Bühne – er hatte mich nicht erkannt! Ähnlich verblüfft waren noch einige andere Leute. Als sie es mir nach der Vorstellung berichteten, war ich stolz. Ein schöneres Kompliment hätten sie mir nicht machen können! Ich hatte es geschafft und bestand die Prüfung mit einer Eins. Dann zog ich nach Hamburg. Ich wollte nach wie vor in die weite Welt hinaus.

1990 flog ich zum ersten Mal in die USA. Ich war einundzwanzig, hatte mir diese Reise schon sehr lange gewünscht und darauf gespart. Insgesamt war ich vier ganze Wochen unterwegs. Ich landete in Los Angeles, wo ich eine meiner Cousinen und ihre Familie besuchte. Mich faszinierten die Größe der Stadt und ihre Vielfalt; ich erkundete die Musikszene, staunte über die Gelassenheit der Amerikaner. Ich fiel dort überhaupt nicht auf und fühlte mich schnell ein wenig zu Hause.

Nach ein paar Tagen buchte ich einige günstige Inlandsflüge, um meine anderen Verwandten in den USA zu besuchen: einen Onkel in Michigan, einen anderen in Kansas City, eine Tante in Seattle. In Minneapolis traf ich nach fast zwölf Jahren meine Freunde aus Makkanissa, denen ich vor unserer Flucht nach Kenia ein baldiges Wiedersehen in Aussicht gestellt hatte. So empfand ich in der Fremde immer wieder tiefe Heimatgefühle.

Einige Jahre vor mir flog auch Hellen mit einem Touristenvisum in die USA. Sie kam mit zwei Freundinnen in New York an, «sozusagen als Kurgast», wie sie im Scherz sagt. Sie ist auf Föhr geboren, lebte seit kurzem in Berlin und wollte sich mit Sabine und Annette Big Apple anschauen. Ferien machen, ein bisschen Spaß haben. In null Komma nichts lernten die drei so viele nette Leute kennen, dass sie den Urlaub verlängerten. Damals durfte man mit einem Touristenvisum noch sechs Monate bleiben. Leider war das Geld bald alle, also überlegten die Mädchen, was sie machen konnten, um sich über Wasser zu halten.

«Dann hatten wir die Idee, ein Cleaning Team zu gründen», erzählt Hellen und lacht. «Wir haben ganz viele Zettel geschrieben und sie überall aufgehängt, darauf stand: ‹Everything is neat and clean with the German girls cleaning team›, die Telefonnummer dazu, und bald hatten wir Kundschaft ... »

«Eine deutsche Putzkolonne in Manhattan», sage ich.

«Genau. Die Deutschen gelten hier als so wahnsinnig sauber und ordentlich, dabei waren wir gar keine Putzfeen. Im Grunde wussten wir überhaupt nicht, was zu tun war. Aber die Leute freuten sich, die drei kräftigen deutschen Mädchen in ihren Wohnungen herumwirbeln zu sehen. Sie mochten uns, ihnen war es

Hellen (2. von rechts) in ihrer Werkstatt

egal, wie es danach aussah. Ein Jahr lang haben wir damit Geld verdient.»

Das liegt über achtzehn Jahre zurück. Heute ist Hellen Chefdesignerin eines der exklusivsten Tapetenstudios von New York. Ihre Werkstatt liegt in Manhattan; allein das ist der Beweis, dass sie es vom Cleaning Girl bis ziemlich weit nach oben geschafft hat. Ein Lastenaufzug mit Liftboy bringt uns hoch. Hellen empfängt uns mit einer Schürze, die voller Farbflecken ist. Hier wird richtig gearbeitet, und auch wenn die Chefin oft Kundengespräche mit Scheichs und anderen Millionären führt, legt sie selbst immer noch Hand an, obwohl sie inzwischen sechzehn Mitarbeiter hat.

Raufasertapeten gibt es hier nicht, nur edelstes Material, das in vielen Arbeitsgängen fertiggestellt wird. Mehrere Schichten Farben werden auf die Unterlage gesprüht, Muster darin frei gekratzt, auch Gold oder Silber verwendet Hellen gern, und sie hat eine erstaunliche Palette an Farben im Katalog. Sehr oft werden Tapeten individuell nach den Wünschen der Kunden gestaltet. Hellen fährt zu ihnen, schaut sich Haus und Mobiliar an, erkundigt sich nach ihrer Lebensart und ihren Vorstellungen, macht dann Vorschläge und entwickelt Entwürfe.

Jede Tapete, die ihre Werkstatt verlässt, ist feinste Handarbeit – und die hat ihren Preis. Eine zehn Meter lange Bahn kostet an die achthundertfünfzig Dollar, manchmal mehr, je nachdem, wie aufwendig die Herstellung ist. Ich bin von den Tapeten begeistert, stelle mir vor, wie die eine oder andere bei mir an der Wand aussehen könnte. Das sind echte Kunstwerke, ich würde nicht ein ganzes Zimmer damit tapezieren, sondern nur eine Bahn von der Decke bis zum Boden kleben, darauf schauen und den Anblick genießen.

«Aber wie bist du dazu gekommen? Hast du das studiert?», frage ich.

«Learning by doing», antwortet sie. «Wir lernten eine Frau kennen, die eine Werkstatt wie diese betrieb, und sie sagte, ich brauche Leute wie euch, könnt ihr für mich arbeiten? Wir waren total pleite, das Leben in New York ist hart, manchmal kriegst du nur einen Job in der Woche. Das war unsere Rettung. Wir haben gleich angefangen, Farben zu rühren. Und bald hat sie ihre anderen Angestellten entlassen, weil sie uns toll fand.»

Hellen ist smart und arbeitet hart. Eine echte Macherin mit einer offenen, gewinnenden Art, immer scheint sie gut gelaunt zu sein und liebt ihren Beruf offensichtlich. Sie spricht mit mir Platt mit Hochdeutsch gemischt, fügt immer wieder ein «you know» oder andere amerikanische Floskeln dazwischen ein. Nach zwanzig Jahren in New York hat sie einen amerikanischen Akzent.

«Unsere Tapeten hängen in Hamburg, in Mexiko, in den Emiraten, eigentlich überall in der Welt. Man kann sie bei Harrods, Tiffany und in anderen sehr guten Läden kaufen oder sie eben direkt bei uns bestellen. Das macht mich schon stolz, und vor allem macht mir diese Arbeit nach achtzehn Jahren immer noch Freude. Schau dir diese Tapete an, wenn sie fertig ist, kommt sie nach Hamburg, und diese nach Paris ...»

Ein Mann fährt langsam mit einem Gerät über eine graue Farboberfläche, lässt gleichmäßige Wellen entstehen. Noch kann ich mir gar nicht vorstellen, wie die Tapete am Schluss aussehen wird. An langen Tischen arbeiten Menschen konzentriert vor sich hin, Hellen überwacht das Ganze, gibt hier und da einen Rat. Die Stimmung ist ruhig und friedlich.

«Wo findest du eigentlich deine Angestellten?»

«Ich engagiere immer Flüchtlinge. Menschen unterschiedlicher Nationalität, die gerade emigriert sind und sich hier noch nicht so auskennen. Die Einwanderer sind so, wie ich damals war, unheimlich motiviert und ehrgeizig. Und wenn sie es geschafft haben, in New York Fuß zu fassen, gehen sie meistens weiter.»

Die Stadt ist ein teures Pflaster. Hellen wohnt mit Mann und einem kleinen Hund in Brooklyn. Die Wohnung, die sie vor sieben Jahren für eine Viertelmillion Dollar gekauft haben, könnten sie jetzt für eine halbe Million weiterverkaufen, dabei hat sie nur ein kleines Wohnzimmer und ein noch kleineres Schlafzimmer. Aber sie fühlen sich da wohl. Wir gehen zusammen in einem Park spazieren, ich lerne Hellens Mann und ihren Hund kennen.

«Sag mal, wenn der Hund einen Haufen macht – musst du ihn aufheben?»

«Ja. Sonst kostet es tausend Dollar. Vor ein paar Jahren waren es bloß hundert.» Sie lacht schon wieder. «Es gibt so Tütchen dafür. Im Winter, wenn die Hände kalt sind, ist es ganz toll, das fühlt sich warm an. Wir streiten uns dann, wer es halten darf ...»

«Aber warum hält man sich einen Hund in dieser Großstadt?»

«In New York ist das Leben hart. Du musst wie ein Soldat immer nach vorne gehen, arbeiten, arbeiten, arbeiten. Und nett Smalltalk mit den Kunden machen. Es ist überall voller Menschen und laut, du bist nirgends allein, das stresst. Dann kommst du abends nach Hause, und der Hund freut sich wahnsinnig, dich zu sehen. Das wärmt das Herz!»

In Hellens Herzen hat Föhr einen großen Platz behalten, aber nichts zieht sie nach Deutschland zurück.

«You know, Yared, ich passe besser hierhin als auf Föhr oder nach Berlin. Mir fällt gerade etwas dazu ein. Es ist witzig, mein Großvater und meine Großmutter waren beide in ihrer Jugend schon hier. Sie kannten sich damals noch nicht, arbeiteten bei Verwandten in verschiedenen Deli-Stores. Und eines Sonntags gingen beide jeweils mit ihren Freunden spazieren. Als sie hörten, dass auf der Straße noch andere platt schnackten, kamen sie mit ihnen ins Gespräch. Kurz darauf waren sie verlobt. New York liegt mir sozusagen im Blut ...»

NIMM UNS MIT, KAPITÄN, IN DIE FERNE …

Am 6. April 1964, einem regnerischen Tag, kam Uwe in New York an. Ein Jahr zuvor hatte sich der Siebzehnjährige in eine Amerikanerin verliebt, die in seinem Heimatdorf ihren Urlaub verbrachte. Sie verlängerte ihre Ferien, musste dann doch zurück. Die beiden schrieben einander, und Uwe beschloss, gegen den Willen seiner Familie so bald wie möglich auszuwandern. Mit dem Schiff, wie es Generationen vor ihm getan hatten.

«Links können Sie die Freiheitsstatue sehen», sagte der Kapitän den Reisenden, als die «Bremen» in den Hafen einfuhr, aber Uwe achtete nicht darauf. Er stand auf der anderen Seite, schaute fasziniert auf die großen Gebäude, auf die Skyline von Manhattan und freute sich auf seine Freundin, die ihn mit einem dicken Kuss begrüßte. Danach ging es gleich nach Long Island, wo sie wohnte.

Uwe fand schnell Arbeit als Fliesenleger, was ihm nicht besonders lag. Bald lernte er einige Exil-Föhrer kennen, die mit ihren Delikatessen-Geschäften erfolgreich waren, und dachte, das kann ich auch. Zuerst ließ er sich als Aushilfe anstellen, stieg auf und leitete nach wenigen Jahren sein eigenes Deli-Store. In der Zwischenzeit hatte er längst seine Jugendliebe geheiratet.

In Delis kann man heute vom Klopapier bis zu Obst und Gemüse fast alles kaufen und sich vor allem etwas Gutes und Preiswertes zum Essen holen. Es sind keine Hamburger- oder Frittenbuden, dort wird alles frisch und mit guten Zutaten gemacht. Die Auswahl ist riesengroß, es gibt wunderbare Salate, aber ich selbst esse dort am liebsten ein Sandwich mit Sauerkraut.

Den Kontakt zur Heimat hielt Uwe auf seine Art: Vor über dreißig Jahren kaufte er sich Sendezeit im Radio und moderierte kurze Sendungen für die Deutschen aus der Gegend, oft nur eine Viertelstunde, denn das war ein teures Hobby. Seit acht Jahren moderiert er einmal wöchentlich eine ganze Stunde lang die «German Hitparade» auf WHPC 90.3. Dort stellt er mich als Gast vor:

«Wir haben hier heute Besuch, ‹Die Welt auf Platt› ist bei uns, das deutsche Fernsehen ist hier im Studio, and Djared Dibaba is here ...»

Er spricht eine witzige Mischung aus Hochdeutsch, Platt und Englisch in einem Affentempo. Meinen Namen intoniert er ein wenig, wie man die Ankunft eines Boxers im Ring ankündigt. Ich begrüße die Hörer auf Platt und auf Deutsch, bedanke mich für die Einladung; gleich danach spielt Uwe die Finkwarder Speeldeel. Während das Lied läuft, können wir uns unterhalten.

«Den Hörern macht es Freude, in New York im Radio deutsche Schlager und Interviews auf Deutsch zu hören. Oft ruft jemand an, wünscht sich ein besonderes Lied oder erzählt mir, dass er keine einzige Sendung verpasst – was mich ganz besonders freut –, und dann quatschen wir ein wenig miteinander. Für die Sendung muss ich nichts mehr zahlen, es ist ein Universitätssender, der durch Steuergelder finanziert wird. Ich verdiene auch nichts, aber es macht mir eben Spaß.»

«Dass du ausgewandert bist, war also die richtige Entscheidung?», frage ich.

«Ja. Am Anfang hatte ich schon oft Heimweh. Die ersten Jahre überlegte ich sogar, ob ich nicht ganz zurückfahren sollte. Später nicht mehr. Die Möglichkeiten, die du in Amerika hast, die gibt es woanders nicht. Und wenn mich die Sehnsucht packt, fliege ich einfach rüber. Damals mit der ‹Bremen› hat die Überfahrt noch sechs Tage gedauert, heute bin ich mit dem Flugzeug in knapp sechs Stunden da!»

Man sagt, dass in New York mehr Föhrer als auf der Insel selbst leben, jedenfalls sind seit Mitte des 19. Jahrhunderts Unzählige von ihnen in die USA ausgewandert. Föhr gehörte lange zu Dänemark, Wyk war sogar eine Weile Sommerresidenz der dänischen Könige. Die Insel wurde zweigeteilt und kam schließlich 1867 zu Preußen. Von nun an mussten sich die Föhrer an preußische Gesetze halten, und es gefiel den jungen Männern gar nicht, dass sie zu einem Militärdienst gezwungen werden sollten, der sechs ganze Jahre dauerte. Viele wanderten deswegen aus. Doch sie hatten durchaus noch andere Gründe, die Heimat zu verlassen: Der Walfang als traditionelle Erwerbsquelle war stark zurückgegangen, als Fischer fanden sie auch keine Arbeit, und den Hof der Eltern konnte nur eines der Kinder übernehmen.

Bis zu vierzig Prozent der jungen Insulaner eines Jahrgangs bestiegen damals eines der Auswandererschiffe und hofften, sich in den USA eine selbständige Existenz aufbauen zu können. Auf die Reise machten sich nicht nur Männer, sondern auch Frauen zwischen fünfzehn und dreißig, oft Geschwister. Vorher mussten die Auswanderer noch jemanden finden – einen Verwandten oder Bekannten –, der schon dort Fuß gefasst hatte und sich bereit erklärte, für sie zu bürgen und ihre Überfahrt zu bezahlen. Dieses System funktionierte gut; man half einander. Die dankbaren Neuankömmlinge hatten gleich eine Wohnmöglichkeit und eine Anstellung, denn die Schulden für die Überfahrt arbeiteten sie fast immer in den Geschäften anderer Föhrer ab. Da sie untereinander gut vernetzt waren, hatten Junggesellen und Junggesellinnen auch viele Gelegenheiten, sich in einen Föhrer oder eine Föhrerin zu verlieben …

Es gab mehrere Auswanderungswellen, die letzte große nach dem Zweiten Weltkrieg. Bis heute verlassen junge Föhrer ihre Insel und suchen ihr Glück in New York. Doch auch wenn inzwischen jede eingesessene Föhrer Familie Verwandtschaft auf der anderen Seite des Ozeans hat, ist das Auswandern schwieriger geworden. Ein Onkel reicht nicht mehr, mittlerweile braucht man eine Green Card. Die Aufbruchstimmung von damals ist längst vorbei.

Trotzdem scheint es den Insulanern leichter zu fallen, über den Atlantik zu fahren oder zu fliegen, als mit dem Zug oder dem Auto ins Landesinnere nach Frankfurt, Berlin oder München zu ziehen. Vermutlich fühlen sie sich wohler, wenn sie viel Wasser um sich haben. Manhattan selbst liegt wie eine Insel zwischen dem Hudson und dem East River. Man kann sie mit der Circle Line innerhalb von zwei Stunden ganz umfahren. Long Island und New Jersey, wo viele Föhrer heute leben, sind im Grunde genommen bloß auf der anderen Seite des Ozeans.

Früher, wenn ich an diesem Strand stand und nach Westen schaute, dachte ich, wenn ich hier losschwimme, komme ich auf Föhr an», sagt Brigitte.

Meine Gesprächspartnerin hat blondes Haar und sehr helle Augen, die besonders aufleuchten, wenn sie von ihrer Heimatinsel spricht. Wir stehen beide barfuß am Strand von Long Island, aber an diesem Tag ist es viel zu kühl, um ins Wasser zu gehen. Ein typisches Nordseewetter. Die See ist stürmisch, es gibt hohe Wellen mit viel weißer Gischt, sonst ist alles grau in grau und ein wenig diesig.

«Ich war noch nie da, ist es hier nicht ein wenig wie auf Föhr?»

«Nein. Es ist anders. Dieser Strand ist sehr schön, aber in meinem Herzen kann nichts mit Föhr mithalten.»

Brigitte ist 1963 zusammen mit ihrem Zwillingsbruder ausgewandert. Die Geschwister waren noch nicht ganz siebzehn Jahre alt. Ihr Vater war gerade gestorben, und ihre Mutter musste allein für ihre fünf kleinen Kinder sorgen, doch es gab einen Onkel in Amerika, der die beiden zu sich holte. Auch er hatte einen Deli-

Store. Dort arbeitete Brigitte eine Zeitlang, wechselte dann in eine Fabrik, wurde Kellnerin und jobbte hier und da, bis sie ihren Mann kennenlernte und drei Kinder bekam.

«Als meine Ehe auseinanderging, habe ich die Kinder allein groß gezogen. Es war hart, aber das hat sich gelohnt.»

«Sprechen deine Kinder auch Platt?», frage ich.

«Nein. Ich habe es ihnen nicht beigebracht. Es war keine Zeit dafür da.»

Ebenso mangelte es an Zeit und Geld, um in die Heimat zurückzufahren. Erst nach siebenundzwanzig Jahren sah Brigitte ihr geliebtes Föhr endlich wieder. Wenn sie von dieser ersten Reise nach dem langen Exil erzählt und ihr Blick dabei den Horizont streift, strahlt ihr ganzes Gesicht vor Glück. Drei dicke Fotoalben hat sie damals mit Bildern von der Insel gefüllt; inzwischen kann sie es sich leisten, regelmäßig hinzufliegen. Und das möchte sie tun, bis es gar nicht mehr geht.

«Weißt du, Yared, wenn ich auf der Fähre stehe und das Schild ‹Wyk auf Föhr› sehe, ist es, als würde ich nach Hause kommen. Doch ich werde wohl hier alt werden, meine Kinder sind Amerikaner, ich möchte bei ihnen bleiben.»

In der Fremde alt werden, sterben und beerdigt werden, das hat für mich etwas Trauriges, als sei man endgültig weg von der Heimat. Das ist ein schwieriges Thema für alle Auswanderer der ersten Generation. Mich beschäftigt es manchmal auch. Ähnlich wie Brigitte fühle ich mich in Oromya zutiefst verwurzelt. Weil es aber für mich aufgrund der politischen Verhältnisse nicht möglich ist, wie sie jederzeit in das Land meiner Geburt zurückzufahren, schwebt in mir manchmal der Gedanke, dass ich zumindest nach meinem Tod dort ruhen möchte. Doch wenn ich es mir recht überlege, hat Brigitte recht: Man möchte in der Nähe seiner Familie und seiner Kinder bleiben.

Die Norddeutschen im Staate New York haben für das Altwerden jedenfalls eine Lösung gefunden. Nach dem Motto «Tosomen sün wi stark» oder «Eendracht makt Macht» haben sich Ende der dreißiger Jahre die vielen plattdeutschen Vereine zusammengetan, um ein plattdeutsches Krankenhaus und ein Altenheim zu gründen. Das Land am Franklin Square verkaufte ihnen ein deutscher Bauer, darauf wurde auch ein Vereinshaus mit Biergarten gebaut. Das Krankenhaus existiert mittlerweile nicht mehr, aber das Heim ist zu «Plattduetsche Home and Renken Apartments» geworden und gilt auf Long Island als einer der besten Plätze für Senioren. Brigitte arbeitet dort als Managerin.

«Die Leute hatten damals kein Geld, keine Sozialversicherung, nichts. Sie konnten sich nicht leisten, krank zu werden. Nun zahlten sie jährlich einen kleinen Beitrag, die Vereine veranstalteten Feste und finanzierten mit dem Erlös diese Einrichtungen. So haben sie sich untereinander unterstützt.»

Dieses plattdeutsche Netzwerk, das dem Gemeinschaftsgefühl ein solides Fundament gibt, beeindruckt mich sehr. Die Norddeutschen in New York sind sozialer orientiert und auch besser organisiert als die Amerikaner, die immer noch kein funktionierendes Sozialversicherungssystem haben. Ein besseres Vitamin-B-Modell zum Ankommen, zum Überleben und zum Weiterkommen habe ich bisher noch nicht kennengelernt.

Einige Tage später bin ich in Northport, dem Hafen von Long Island, mit Irene zusammen, auch eine Föhrerin, die es hier geschafft hat. Mit einem Deli-Laden, was denn sonst!

«Ich bin in Boldixum geboren», erzählt die elegante Siebzigjährige. «Mein Mann und ich sind damals nicht als Auswanderer nach New York gekommen, wir wollten hier bloß zwei Jahre lang arbeiten, etwas Geld verdienen, wieder nach Hause fahren und dort ein Geschäft eröffnen. Wir hatten Verwandte, einen Onkel und eine Tante, die schon nach dem Ersten Weltkrieg ausgewandert waren. Mein Onkel hat für uns gebürgt, so konnte ich gleich als Krankenschwester und mein Mann in seinem Deli anfangen.

Ich sprach damals schon ein wenig Englisch, aber mit dem Slang der New Yorker habe ich mich schwergetan. Das war egal, im OP braucht man nicht viel zu reden, die Arbeit ist überall gleich. Mein Mann dagegen konnte erst nur drei Worte: Yes, no und money.»

Er war ein fleißiger Mann, der sein Leben zielstrebig plante. Englisch lernte er schnell, und zusammen bauten die beiden ein gutgehendes Geschäft auf. Aber nicht auf Föhr, sondern auf Long Island.

«Nach anderthalb Jahren konnten wir unsere Schulden von der Überfahrt bezahlen und ein eigenes Deli-Store eröffnen, in einem ehemaligen Blumenladen. Er war ziemlich heruntergekommen, wir haben ihn schön renoviert, die Wände bunt gestrichen und tapeziert. Es war ein besseres Deli, ein richtiger Feinkostladen. Wir verkauften russischen Kaviar und französisches Brot, das jeden Tag eingeflogen wurde.»

Teure Waren, aber die Kundschaft, die sich ein Haus auf Long Island leisten konnte, hatte auch genug Sinn und Geld für feinste Köstlichkeiten. Nicht umsonst nennt man die Insel «Gold Coast», sie ist sozusagen das Blankenese von New York. Nach zwei Jahren flogen Irene und ihr Mann für drei Monate nach Hause zurück. Das war aber nur ein verlängerter Urlaub, denn sie hatten sich für Amerika entschieden. Ihr Geschäft lief gut, sie waren zufrieden und sind es immer noch.

Die Föhrer machten es ähnlich wie die Italiener, Türken und Chinesen, die in deutschen Städten eine Pizzeria, einen Döner-Imbiss, einen Gemüseladen oder ein chinesisches Restaurant betreiben. Deli-Stores waren sozusagen die einfachste und schnellste Art, Geld zu verdienen. Im Deli-Familienunternehmen konnte der eben angekommene Neffe oder Cousin sofort in der Küche anfangen. Er brauchte nicht einmal Englisch zu können, um Gemüse zu schnipseln, Brot zu schneiden oder Geschirr zu spülen. Wenn er fleißig und sparsam war, übernahm er nach ei-

Der erste Dreh in New York. Im Hintergrund ein typischer Deli-Store

nigen Jahren ein eigenes Geschäft. Allerdings musste er dafür schon richtig schuften!

Unsere arrivierten amerikanischen Föhrer verfolgen aufmerksam die deutschen Nachrichten und staunen über die heftigen Proteste gegen eine halbe Stunde Erhöhung der wöchentlichen Arbeitszeit von neununddreißig Stunden. In ihren Delis haben sie buchstäblich von frühmorgens bis Mitternacht gearbeitet. Heute noch gelten sechzig, siebzig Stunden oder mehr als normal. Wem es zu viel ist, der sollte zu Hause bleiben. Es gibt hier keine geregelten Arbeitszeiten, auch keine vier oder fünf Wochen Urlaub im Jahr.

Die Föhrer Auswanderer beklagen sich nicht. «Was ich mir hier aufgebaut habe, wäre in Deutschland gar nicht möglich gewesen. We made it here», sagen viele. Sie leben inzwischen komfortabel, besitzen hübsche Häuser in guter Umgebung und wohnen oft Tür an Tür mit anderen Föhrer Familien. Getafelt und gefeiert wird gern im ehemaligen Vereinshaus am Franklin Square, das jetzt «Plattdeutsches Park Restaurant» heißt. Es ist wie die Seniorenresidenz nebenan eine feine Adresse geworden und gehört wie sie nach wie vor der «Plattduetschen Home Society».

Im Restaurant ist jeden Mittwoch «Wurst Wednesday», jeden Donnerstag «German Buffet», ansonsten bietet die Karte auf Hochdeutsch und Englisch eine reiche Auswahl. Als Vorspeise kann man sich einen Ochsenmaulsalat bestellen, oder wie es auf Englisch heißt: «Classic Marinated Sliced Beef Salad with Mixed Greens»; unter den Hauptspeisen findet man allerlei Spezialitäten aus deutschen Landen wie bayerische Schweinshaxe, Kasseler Rippchen oder Wiener Schnitzel à la Holsteiner. Wer lieber an der Bar speist, ordert einen «Stolzen Heinrich», übersetzt als «Bratwurst in a Dark Beer Onion Gravy with Mashed Potatoes». Oder einen Hamburger. Im Biergarten stehen fast wie in München unter schattigen Bäumen lange Tische mit blau-weiß karierten Decken.

Das «Plattdeutsche Park Restaurant» ist ein Stammlokal für viele deutsche Vereine, die Kundschaft aber gemischt. Das Personal spricht kein Platt, die Bedienungen sind fast alle junge Afroamerikaner, der Chef Herbert Aigner ist Österreicher. An einem Abend sind dort all unsere Föhrer versammelt. Ich frage Irene, die ein Erbstück trägt – die Föhrer Tracht ihrer Mutter –, ob sie die «Nordseewellen» auf Friesisch mit mir singen möchte. Sie ist sofort einverstanden. Harald und Max, die mir gezeigt haben, wie sie in einem Creek mit Reusen Aale fangen, stehen auch auf. Bald haben sich über zwanzig Leute auf der Bühne eingefunden. Ich habe ein Blatt mit dem friesischen Text mitgebracht, doch viele brauchen es nicht. Brigitte steht in meiner Nähe, ich sehe sie an. Sie singt und strahlt, als habe das Lied sie in die Heimat zurückversetzt.

EIN DEUTSCHER PASS

Yared, ich stelle dir meinen Kollegen Nino vor», sagt Bobby, «seit vierzehn Jahren kommen wir beide gut miteinander aus.»

Wir stehen in Bobbys Garten. Ich begrüße Nino, der nicht antwortet. Er scheint nicht besonders gesprächig zu sein, schaut mich nur neugierig an. Nino ist ein grüner Papagei mit rotem Schnabel.

«Du bist ein Kieler Jung und lebst schon lange in Sydney, Bobby, was hast du denn für einen Pass, einen deutschen oder einen australischen?»

«Ich habe einen australischen. Den deutschen habe ich abgeben müssen, als ich den australischen bekommen habe. So ein Mist ...»

Bobby holt sich eine Bierdose, reißt sie auf und trinkt einen Schluck.

«Also, wenn ich morgen für drei Monate nach Deutschland will, brauche ich ein Visum wie alle anderen Ausländer, that makes me very angry! Ich bin so vergrätzt über den Kram ...»

Vor einem Jahr war er bei der deutschen Botschaft und verlangte seinen Pass zurück. Als der Angestellte antwortete, das sei nicht möglich, wurde Bobby zornig.

«Warum das, fragte ich den Mann, die Bundesrepublik nimmt jetzt all diese Russen auf, da gibt es welche, die von ihrem deutschen Schäferhund erzählen, und dann kriegen sie gleich den Pass: für sich, Oma, Opa und die ganze Sippe! Und ich als Kieler Jung gucke in die Luft.»

Bobby trinkt wieder einen Schluck aus seiner Bierdose und regt sich weiter auf. «Das ist ein Scheißladen hier, sage ich zu dem Typ, der drückt einen Knopf unter seinem Schreibtisch, dann kommen zwei Kerle, die haben mich einfach rausgeschmissen. Das war's. Ich bin nie mehr hingegangen.»

Auf der Website der Bundesregierung steht es schwarz auf weiß: «Die deutsche Staatsangehörigkeit geht automatisch per Gesetz verloren, wenn jemand auf Antrag eine ausländische Staatsangehörigkeit annimmt (z.B. durch Einbürgerung).» Und ein paar Zeilen weiter: «Wer die deutsche Staatsangehörigkeit verliert, wird rechtlich (wieder) zum Ausländer.» Aber es gibt offensichtlich Ausnahmen: Beate, die mit ihrer Familie bis zur Revolution im Iran lebte, für kurze Zeit nach Deutschland zurückkehrte und dann nach Sydney umsiedelte, hat vor kurzem den «Känguru-Pass» erhalten, besitzt aber noch ihren deutschen.

«Du hast dich vielleicht ein bisschen im Ton vergriffen ...», äußere ich vorsichtig.

«Kann schon sein, aber ich war halt vergrätzt. Jetzt will ich nach Burghausen. Ich verkaufe das alles hier.»

«Nach Bayern? Dann brauchst du einen bayerischen Pass ...»

«Den habe ich schon. Auf dem Oktoberfest in einem Bierzelt bekommen! Sag mal, Yared, was hast du für einen Pass?»

«Nur den deutschen.»

«Wenn du nur einen hast, dann behalte ich meinen. Prost, Yared!»

«Oder du besorgst dir einen deutschen Schäferhund, vielleicht klappt das dann.»

«Ich habe den Vogel hier, der kommt aus Burma, vielleicht kriege ich einen burmesischen Pass ...»

Die deutsche Staatsangehörigkeit habe ich mit vierundzwanzig beantragt – und bekam sie problemlos. Nach acht Jahren in Deutschland hat man ein Recht darauf. Ich lebte schon vierzehn Jahre hier, hatte mein Abitur gemacht und arbeitete. Ich hatte hier meine zweite Heimat gefunden und freute mich sehr über diesen Ausweis.

Davor hatten wir als Flüchtlinge einen Fremdenpass und brauchten für viele Länder ein Visum. Das macht jede Reise umständlich. Man muss bei der Einreise neben der Schlange stehen, bekommt eine Extrabehandlung, die sich oft über Stunden hinzieht. Als ich ungefähr zwanzig war, wollte ich mit meinem Freund Marc mit dem Zug durch Frankreich nach Spanien fahren. Selbstverständlich erkundigte ich mich vorher bei den Konsulaten beider Länder, ob ich mit meinem Fremdenpass einreisen dürfe. Man sagte mir, dass ein zusätzliches Visum nicht nötig sei, also kauften wir uns ein Interrailticket und setzten uns in den Zug.

Doch an der französischen Grenze holten mich die Beamten wieder heraus und brachten mich zur Polizeiwache, wo man mich wie einen Verbrecher verhörte und gleich des Landes verwies. Ohne Visum ging nichts, Stempel in meinem Pass rein und tschüs! Ich war ziemlich sauer und vor allem enttäuscht, überlegte, ob ich mich selbst verhört oder ob man mir eine falsche Auskunft gegeben hatte. Aber das spielte keine Rolle mehr. Wir änderten unserer Pläne, fuhren über die Schweiz nach Sizilien, denn Italien und die Schweiz waren erlaubt, Österreich jedoch nicht. Nach Frankreich wollte ich gar nicht mehr.

Mit meinem deutschen Pass konnte ich endlich überall hin und reiste viel. Dass ich öfter und genauer als andere kontrolliert wurde, war zwar lästig, störte mich jedoch nicht besonders, denn letztlich musste man mich durchlassen. Mittlerweile sind in Europa fast alle Grenzen gefallen; das gefällt mir persönlich sehr, allerdings sind heute für außereuropäische Reisende die Grenzen fester geschlossen als vorher. Flüchtlinge, wie wir es waren, haben kaum noch eine Chance, hier eine neue Heimat zu finden.

Ob es uns jetzt noch gelingen würde, ins Land zu kommen? Ich bin mir dessen nicht sicher.

Mittlerweile hatte sich die politische Lage in meiner alten Heimat vorübergehend verändert. Der Diktator Mengistu war 1991 nach Simbabwe geflohen, jetzt konnte ich mein Oromya gefahrlos wiedersehen. Im April 1994 setzte ich mich ins Flugzeug. Nun, wo der deutsche Pass auch nach außen zeigte, dass ich in meiner neuen Heimat Wurzeln geschlagen hatte, wollte ich noch einmal zurück in die alte.

Unsere Flucht lag fünfzehn Jahre zurück, das Land hatte unter Militärdiktatur und Krieg gelitten, nichts oder fast nichts war in Addis gebaut worden. Als ich ankam, fand ich alles so vor, wie ich es in Erinnerung behalten hatte. Ich erkannte die Straßen, die Häuser – es war ein herrliches Gefühl.

Mit Freunden meiner Eltern fuhr ich durchs Land zu meiner Großmutter nach Dembi Dollo, der Kleinstadt, in der mein Vater geboren ist. Auch dort war es genau, wie ich es mir vorgestellt hatte: Meine Heimkehr wurde tagelang gefeiert, jeden Abend kamen Verwandte oder ältere Menschen, die meine Eltern kannten und sich auf mich freuten. Sie erzählten mir, wie mein Vater als Kind gewesen war und was er damals alles getan hatte. Ich war überglücklich, fühlte mich überall willkommen und genoss es sehr, meine Großmutter zu sehen

Diese Reise hat meine Sehnsucht gestillt. Wie viele Auswanderer hatte ich mir ein idealisiertes Bild von der fernen Heimat gemacht, das von schönen Kindheitserinnerungen geprägt war. Die Realität entsprach diesem Bild sogar teilweise. Die Familie ist zwar kleiner geworden, da viele ausgewandert sind, aber die Vertrautheit war dieselbe, das Klima war toll, die Landschaften wunderschön und das Essen wie immer lecker.

Ich sah mich aber auch mit einem Äthiopien konfrontiert, in dem die Oromo nach wie vor benachteiligt oder gar verfolgt wurden. Ich hätte dort nicht ohne weiteres leben und arbeiten können. Als ich wieder zurück war, hatte ich zum ersten Mal das Gefühl, dass ich nicht zwischen, sondern auf zwei Stühlen sitze. Seitdem kann ich sagen: Ich habe zwei Heimaten.

Dass auch der deutsche Pass nicht alle Reisehindernisse beseitigt, muss ich Jahre später wieder einmal feststellen. Als ich zum Drehen in Seattle lande, gibt es ein Problem. Ich habe, wie einige andere Passagiere auch, beim Einchecken vier S auf die Bordkarte gedruckt bekommen, das bedeutet «Secondary Security Screening Selection». Wer mit diesem Stigma versehen wird, entscheidet ein Computerprogramm anhand bestimmter Kriterien.

So darf ich bei der Ankunft nicht gleich mein Gepäck holen, sondern muss zur speziellen Untersuchung antreten. Da heißt es warten. Richtig lange warten. Niemand erklärt einem, warum, man darf sich nicht beschweren und sich auch nicht aufregen, weil sonst die Gefahr besteht, dass sie einen gar nicht einreisen lassen, sondern gleich ins Heimatland zurückschicken.

Ich will die Produktion nicht gefährden, verhalte mich ruhig und setze mich zu den anderen Verdächtigen. Draußen wartet ein Kollege auf mich, ich würde ihn gern anrufen, um ihm die Situation zu erklären, aber ich darf nicht telefonieren. Die anderen auch nicht. Im Raum ist die Stimmung beklemmend. Niemand weiß so recht, was mit ihm passieren wird. Manchmal kommt ein Beamter herein, schaut sich um und bittet ziemlich unfreundlich jemanden, ihm zu folgen.

Die Wartenden sind total gemischt, mir ist nicht klar, nach welchen Kriterien ich als verdächtig gelte. Weil ich als Schwarzer einen deutschen Pass habe? Weil darin steht, dass ich Journalist bin? Ich bin unauffällig gekleidet, meine Papiere sind in Ordnung, trotzdem werde ich gefilzt!

Später lese ich eine Liste der Kriterien, darunter steht: 1. Wenn der Name des Passagiers auf der Liste terrorverdächtiger Personen erscheint, 2. Wenn die Person bei früheren Einreisen in die USA Probleme hatte, 3. Wenn sich die Person auf früheren Flügen auffällig benommen, zum Beispiel randaliert hat, 4. Wenn die Person nicht selbst ihr Ticket gekauft hat. Und so weiter.

Meine Flüge werden wie immer bei Dienstreisen vom NDR gebucht, also trifft Punkt 4 zu, die drei ersten nicht, aber ein einziger Treffer scheint wohl zu reichen. Mich erwischt es insgesamt dreimal: auf einem Inlandflug in Kansas, da geht es aber schneller als in Seattle, und noch einmal in Chicago.

Jedes Mal muss ich Schuhe und Gürtel ausziehen, das ist seit der Verschärfung der Sicherheitsbestimmungen nach dem 11. September normal; dann muss ich durch eine Art Schleuse aus Plexiglas laufen, wo man durchgepustet wird – womit, das weiß ich nicht. Suchen sie nach Drogen, nach Sprengstoff? Niemand macht sich die Mühe, mit einem zu reden, und Fragen stellt man besser nicht. Meine Tasche packen die Security-Leute aus, drehen jedes Stück um, lassen sich viel Zeit dabei. Als sie fertig sind, darf ich alles selbst wieder einräumen. Und wieder warten.

Neben der typisch amerikanischen Skyline mit Wolkenkratzern entdecke ich in der Innenstadt von Seattle europäisches Flair. Die Straßen sind ein wenig verschlungen, die Häuser mit viel Liebe zum Detail gebaut. Manche Fassaden erinnern an Skandinavien oder Holland, ein wenig deutsch ist man hier auch. Norddeutsch ist jedenfalls das Wetter, es regnet oft und ist nicht so heiß. Überall ist Wasser, der Pazifische Ozean, der Washington See und unzählige Wasserstraßen dazwischen.

Bill Gates bewohnt ein Riesenanwesen, das man vom Schiff aus sehen kann, und viele Menschen fliegen zur Arbeit mit dem Wasserflugzeug oder wohnen hier auf Hausbooten, erzählt mir Johnny, ein Plattschnacker aus Oldenburg, der mich zum Segeln eingeladen hat. Wir unterhalten uns über seine Heimatstadt und

Dörte und Christa unter den Besuchern eines Megadeath-Konzertes in Seattle

über die Ämter dort – ich habe früher ja im Landkreis Oldenburg gewohnt, also dort meine wichtigsten Papiere abgeholt, meinen Führerschein und meinen deutschen Pass.

Am nächsten Morgen bin ich mit Dörte und Christa beim Public Market verabredet. Die beiden Frauen sind schon seit ihrer Schulzeit in Neumünster befreundet, haben beide in Deutschland geheiratet. Anfang der sechziger Jahre ist Dörte mit ihrem Mann nach San Francisco ausgewandert, einige Jahre später siedelten Christa und ihr Mann nach Seattle um. Die Freundinnen haben den Kontakt immer behalten, sind inzwischen beide verwitwet, und vor fünfzehn Jahren zog Dörte wieder um. Jetzt wohnt sie keine zehn Minuten Autofahrt von Christa entfernt.

Auf dem Fischmarkt herrscht eine fröhliche Atmosphäre. Ein Verkäufer neckt gerade eine hübsche junge Kundin und steckt ihr eine Krabbe in die Handtasche, die Frau läuft schreiend davon.

Ein anderer führt einen hässlich grinsenden Affenfisch vor, weitere Verkäufer werfen sich dicke Fische durch die Halle zu. Dörte und Christa amüsieren sich köstlich.

«Jetzt kaufen wir uns auch einen Fisch, aber welchen denn?»

Vor uns liegen auf einem Eisbett riesige Lachse, die gibt es quasi in allen Gewässern der Stadt, wo sie von Seehunden gefressen werden.

«Der Lachs ist viel zu groß, den essen wir niemals auf.»

«Was kochst du denn für Fische?», frage ich Dörte.

«Keine mehr. Ich mag nicht mehr kochen.»

Christa schon. Sie untersucht gerade Forellen, sucht sich zwei aus. Der Verkäufer will ihr eine dritte gratis dazugeben, wenn sie den Fisch fängt, den er ihr über den ziemlich breiten Verkaufsstand zuwirft. Christa fürchtet sich vor nichts, sie hat früher in Alaska mit ihrem Mann Grizzlys und Schwarzbären gejagt und ist immer noch abenteuerlustig.

Sie lässt sich eine Schürze geben, geht hinter den Tresen. Als der Verkäufer einen mittelgroßen Fisch durch die Luft wirft, bringt sie sich in Stellung: Gekonnt fängt sie ihn auf, und den viel dickeren, der nachgeflogen kommt, auch noch. Sie erntet großen Applaus von den vielen Zuschauern und eine Tüte mit drei schönen Forellen vom Verkäufer. Nächste Station ist eine bayerische Metzgerei gleich um die Ecke.

«Hier gibt es nicht nur Sauerkraut bayerischer Art, sondern auch jede Menge leckere Würste. Schau mal die Blutwurst da …»

Nicht ganz mein Geschmack. Aber zum Glück finden wir noch einen Laib leckeres Schwarzbrot, das nach deutschem Rezept in Kanada gebacken wird. Wir verlassen den Public Market, denn wir wollen noch woanders mit den beiden drehen. Unterwegs sehe ich eine Leuchtschrift, die ein Konzert von Megadeath ankündigt, einer sehr erfolgreichen Speed-Metal-Band. Um das Haus stehen die Fans Schlange und warten auf Karten oder auf den Beginn des Konzerts. Das weckt alte Erinnerungen in mir: Ich war vor siebzehn Jahren schon einmal hier, zur Blütezeit der Grunge-Musik, Seattle war eine Hippie-Rockstadt, in der Nirvana, Pearl Jam und andere Vertreter dieses Genres oft spielten.

«Komm, lass uns doch das drehen!», sage ich zu unserem Regisseur, der sofort einverstanden ist.

Meine beiden Ladys steigen aus dem Wagen. Speed Metal ist ihnen kein Begriff, aber Christa kennt Kurt Cobain, auch wenn sie sich an keinen Titel von ihm erinnern kann. Ich schnacke Platt mit ihnen, fordere sie auf, sich bei den Fans nach dem Unterschied zwischen Grunge und Speed Metal zu erkundigen, was sie gleich tun. Die Kommunikation zwischen Jung und Alt läuft bestens; dass die Fans die typische Heavy-Metal-Kluft tragen, erschreckt weder Dörte noch Christa, und die Jungs haben offensichtlich nichts dagegen, den beiden vorzuführen, was Headbanging ist.

Ich bin mir nicht sicher, ob ein solcher Kontakt in Deutschland zwischen den Generationen möglich wäre. Das soziale Klima mag in Amerika rauer sein als hier, aber der Umgang der Menschen untereinander ist lockerer und leichter. Man hat weniger Berührungsängste.

JEDEN SONNTAG GEBRATENE GANS

Brasilien war eine portugiesische Kolonie. Dort leben immer noch viele Portugiesen, auch Verwandte meiner Frau, die selber Portugiesin ist. Als ich 2003 mit ihr und meinem Sohn in Rio war, entdeckte ich ein Land, in dem ich mich sofort zu Hause fühlte. Denn die Menschen begegneten uns mit ungewöhnlicher Offenheit. «Kommt doch alle her, ihr aus Europa, schaut wie schön es bei uns ist. Und wenn es euch gefällt, dann bleibt doch gleich hier!», sagte jemand zu mir. Die Brasilianer halten ihr Land für das schönste der Welt. Vollkommen aus der Luft gegriffen ist das nicht …

Mit meinem Fernsehteam lerne ich 2007 eine andere Gegend und ein ganz anderes Brasilien kennen. Wir fliegen über São Paulo nach Curitiba im Süden, fahren von dort aus mit dem Auto weiter nach Pomerode. Ich habe zur Vorbereitung eine DVD über diese Stadt gesehen und frage mich, wie viel Brasilien in den Menschen dort steckt: Pomerode hat an die fünfundzwanzigtausend Einwohner, davon sind zweiundneunzig Prozent deutschstämmig! Es sind die Nachfahren der pommerschen Siedler, die vor hundertfünfzig Jahren herkamen; einer der ersten hieß Rode, deswegen heißt die Stadt Pomerode. Hier soll zur Hälfte Portugiesisch, zur Hälfte Pommersch oder Deutsch gesprochen und Hochdeutsch als Schriftsprache verwendet werden!

Ich bin sehr neugierig und schaue aus dem Fenster, aber leider ist es schon dunkel, ich sehe kaum etwas von der Landschaft. Als wir spät abends Pomerode erreichen, fällt mir gleich der Bau-

Der Ortseingang von Pomerode in Brasilien

stil der Häuser auf: Typisch deutsch, es gibt sogar Fachwerkhäuser, einen großen Maibaum und Gartenzwerge in den Vorgärten – dazu Palmen. Unser Hotel könnte im Schwarzwald liegen. Die Großeltern oder gar die Urgroßeltern der Besitzer sind aus Deutschland eingewandert, sie selbst haben längst einen brasilianischen Pass, aber sie fühlen sich als Deutsche, auch wenn sie sich bisher die Reise in die alte Heimat nicht leisten konnten und keine Verwandtschaft mehr dort haben. Immerhin hat ihre Tochter eine Hotelausbildung in Deutschland gemacht.

Auch das Wetter scheint sich den örtlichen Gegebenheiten anzupassen und ist am nächsten Morgen ziemlich unbrasilianisch. In der Nacht hat es geregnet, und da Pomerode in den Bergen liegt, bleiben die Wolken hängen. Alles wirkt herbstlich, wird sogar trostlos, als der Regen neu einsetzt und gar nicht mehr aufhört. Mir fällt auf, dass die Menschen auf der Straße anders als in

Rio mir gegenüber zurückhaltend sind, besonders die Jüngeren. Kann es sein, dass sie mich für einen Brasilianer halten?

Beim Drehen habe ich stets dieselben Klamotten an, das erleichtert später die Schnittarbeit. Selbstverständlich trage ich nicht dieselbe Hose und dasselbe T-Shirt zwei Wochen am Stück, ich ziehe mich um, bevor die Kamera zu laufen beginnt. Für jedes Land habe ich andere Klamotten, so sieht man mich in einer Sendung aus New York immer in einem roten Hemd, in Sibirien immer in einer Safari-Jacke und in Brasilien immer in einem knallgelben Trikot der brasilianischen Fußballnationalmannschaft. Ich habe es extra zu diesem Zweck am Flughafen gekauft, denn ich dachte mir, dass es die Brasilianer freuen würde, lieben sie doch ihr Team über alles.

Die plattschnackenden Deutsch-Brasilianer in Pomerode und Umgebung reagieren jedoch befremdet. Keiner sagt etwas dazu, aber jeder sieht auf mein Trikot und wundert sich wahrscheinlich darüber, dass ich als Deutscher im brasilianischen Dress herumlaufe. Sobald sie hören, dass ich Platt schnacke, werden sie aber freundlicher.

Diese Erfahrung mache ich überall auf der Welt, das Platt öffnet mir und unserem Fernsehteam die Türen. Wir bringen frische Luft aus deutschen Landen, für diese Menschen ist es Heimatluft, auch wenn unser modernes Deutschland mit ihrem Heimatbild wenig gemeinsam hat.

Wir sind mit Oma Valli verabredet und fahren von Pomerode aus eine halbe Stunde auf einer matschigen Schotterpiste. Der Fahrer gibt vorsichtig Gas, als ob er im Schnee fahren würde, damit die Räder nicht durchdrehen. Der schmale Weg geht steil bergauf an tiefen Schluchten vorbei. Es erinnert mich ein wenig an die Fahrt mit meinem Vater durch Oromya; in der Nähe von Dembi Dollo gab es Strecken, die von der Regenzeit aufgeweicht waren und auf denen man sehr vorsichtig fahren musste. Unsere Route führt uns um einen Berg herum durch eine faszinierende

Landschaft: Eine saftig grüne und fruchtbare Gegend mit tiefen Tälern und wolkenverhangenen Bergen.

Oma Valli lebt mit ihrem älteren Bruder auf einem ehemaligen Kolonistenhof mitten im Dschungel in einem bescheidenen Fachwerkhäuschen mit Ställen für die Tiere. Vor dem Haus ist eine Terrasse mit einem majestätischen Blick über das Tal auf die Berge.

«Meine Großeltern haben es gebaut. Ich bin vor fünfundsiebzig Jahren hier geboren, hier aufgewachsen, habe hier geheiratet, und weil ich die Jüngste war, bin ich bei den Eltern geblieben. Es ist schwer, wegzugehen, ich habe hier meine Wurzeln.»

Oma Valli hatte wahrlich kein leichtes Leben. Strom gibt es erst seit wenigen Jahren, jetzt hat sie Fernseher und Telefon.

«Und einen Kühlschrank, eine Waschmaschine, eine Schleuder. Als ich sie bekam, war ich so glücklich, dass ich vor Freude geheult habe. Meine Tochter fragte, warum ich weine, ich sagte ihr: Rosalie, ich bin über siebzig – ich habe mich noch nie über etwas so gefreut!»

Ihr Bruder ist über achtzig und überlässt ihr die ganze Arbeit. Von morgens bis abends ist Oma Valli auf den Beinen, sie melkt ihre Kühe, füttert Schweine, Hühner und Gänse. Im Haus ist alles tiptop sauber und aufgeräumt, es hängen Bilder an den Wänden, Gardinen an den Fenstern. Die Toilette ist weiß gekachelt, die Ersatzklopapierrolle umhäkelt.

Jeden Sonntag bereitet Oma Valli einen Gänsebraten: «Letzte Woche haben wir Churasco vom Grill gegessen, aber für mich ist es kein richtiger Sonntag, wenn ich nichts aus dem Backofen hole. Eine schön knusprige Gans schmeckt doch fein!»

Für uns schlachtet sie extra eine, rupft sie aus und bereitet eine Füllung aus Gemüse, Zwiebeln, Innereien und Speck. Als das Essen fertig ist, spricht sie ein kurzes Gebet, bevor sie die Gans mit der Geflügelschere zerteilt. Dazu gibt es Kartoffeln und eine Blutsoße.

Oma Valli

Bei unserer Ankunft auf dem Hof hatte sie mich noch misstrauisch gemustert. Diese erste Kontaktaufnahme lief ein wenig zäh, bis ich ihr von meiner Oma erzählte, die auch Selbstversorgerin war und wie sie allein auf dem Land lebte. Dabei taute Oma Valli auf.

Im Pomeroder Telefonbuch findet man viele deutsche Nachnamen mit brasilianischen Vornamen. In der Stadt scheinen sich die jüngeren Deutschstämmigen mit den Brasilianern leicht zu vermischen, auf dem Land allerdings grenzt man sich noch sehr ab. Oma Valli ist vom alten Schlag. Sie besitzt ein Gewehr und sagt, wenn einer kommt und mich bedroht, schieße ich ihn halt ab – und ich traue ihr das auch zu.

Gastronomisches Intermezzo

Gastronomisches Intermezzo

Zurück in Pomerode, entdecken wir die Confeitaria Restaurante «Torten Paradies». Nomen est Omen: Angeblich fährt man sogar von São Paulo hierher, ganze siebenhundert Kilometer, bloß um deutschen Kuchen zu genießen! An diesem Tag soll ich offenbar gemästet werden, denn plötzlich stehen vor mir jede Menge weiße Tellerchen mit verführerischen Stücken. Süßes esse ich gern, diesem Anblick kann ich nicht widerstehen. Schokokuchen, Erdbeersahne, Nusstorte, deutsche Torte mit Schokoladenkuvertüre, ich muss von allem kosten. Währenddessen erzählt mir Julia, die nur einen Kaffee zu sich nimmt, was es sonst noch alles für Leckereien aus der deutschen Küche hier zu essen gibt: allerlei Schnitzel- und Bratensorten, braune Sauce, Kartoffeln noch und nöcher, bis zu Schlachtplatten und diversen Wurstsorten.

«Sag mal, Yared, wie heißt denn Kalorien auf Platt?», fragt mich Julia.

Keine Ahnung. Muss ich auch nicht wissen. Im Tortenparadies ist dieses Wort eine Sünde.

Einige Tage später mache ich bei herrlichem Wetter eine Angeltour mit vier plattschnackenden Männern. Wir chartern ein Boot für zehn Euro, was hier eine Menge Geld bedeutet, denn viele verdienen nur an die zweihundert Euro im Monat.

«Aber Spaß muss sein», erklärt der eine, dessen Gesicht schon gerötet ist.

Und die Jungs haben Spaß. Um halb elf morgens trinken sie Caipirinha, den auch in Deutschland so beliebten Cocktail aus Zuckerrohrschnaps, Limettensaft, Zucker und Eis, singen dazu «Trink, trink, Brüderlein, trink, lass doch die Sorgen zu Haus …».

Sorgen haben sie alle vier. Sie arbeiten in der Fabrik oder beim Straßenbau, sind nicht verheiratet. Oder nicht mehr. Einer hat sechs Kinder, die Frau ist ihm davongelaufen. Aber am Wochenende muss gefeiert werden. In der prallen Sonne wird richtig getrunken, Caipirinha und dazwischen Dosenbier. So stelle ich es mir im Ballermann auf Mallorca vor. Ich selber bleibe trocken. Das befremdet sie. Auch mein Trikot hat ihnen nicht gefallen, ich bin für sie kein harter Kerl und kein richtiger Deutscher.

Die Jungs angeln an diesem Tag ein paar kleine Fische und zwei wunderschöne Schwertfische, der eine ist über einen Meter groß. Doch wichtiger als der Fang ist ihnen die gesellige Atmosphäre auf dem Boot. Und das Trinken.

«Wir sind schon als Kinder in Schnaps gebadet worden, die Eltern gaben uns in Schnaps getränkte Lappen zu nuckeln, damit wir schliefen und sie arbeiten konnten», erzählt mir der eine und prostet mir zu. Alle vier sind nicht mehr ganz nüchtern und lustig drauf.

Als wir an Land gehen, bin ich nachdenklich. Diese Jungs verkehren nur in deutschen Kreisen und träumen von einem Deutschland, das ein Hort der Gemütlichkeit und der Männerfreundschaften ist. Dass sie sich irgendwann einmal ein Flugticket in die Heimat ihrer Vorfahren werden leisten können, um diese kennenzulernen, ist unwahrscheinlich. Und so träumen sie weiter …

DEUTSCHE TUGENDEN

Nach den Aufnahmen fliege ich allein weiter nach Rio, wo mein Sohn gerade Urlaub mit meinen Schwiegereltern macht. Dort möchte ich ein paar Tage mit ihnen verbringen und mich vor dem nächsten Dreh in den USA erholen. Am dritten Tag stehe ich im Supermarkt an der Kasse mit vielen leckeren Sachen in meinem Einkaufskorb, die ich zum Abendessen kochen will, greife nach meinem Portemonnaie – mein Bauchgurt ist weg, mit allem, was drin war. Geld, Kreditkarten, Flugticket, Pass, alles weg. Und ich habe nichts davon mitbekommen.

Ich gerate in Panik, lasse die Kreditkarten sperren, rufe überall an. In wenigen Tagen muss ich nach New York, dafür brauche ich einen Pass und ein Visum, ein Arbeitsvisum, ich fliege schließlich zum Drehen dorthin.

Kurz darauf erhalte ich eine neue Kreditkarte und atme schon ein wenig auf, aber nicht lange. Als ich sie einsetzen will, wird sie verweigert. Man klärt mich auf, dass es auf der Welt zwei Länder gibt, wo sie nicht funktioniert: Frankreich und Brasilien. Und warum schickt man mir gerade dorthin eine, die nicht angenommen wird? Keine Ahnung. Es gibt auch Probleme mit dem Flugticket, das soll nicht die brasilianische, sondern die amerikanische Agentur machen, oder umgekehrt. Die beiden schieben sich gegenseitig die Verantwortung zu. In null Komma nichts habe ich schon vierhundert Dollar vertelefoniert und noch kein Flugticket in der Tasche.

Ein Freund leiht mir Geld, meine Schwiegereltern helfen mir. Gott sei Dank bin ich nicht allein hier, habe Freunde und

Verwandte – und das Deutsche Konsulat. Freitags bin ich dort, erkläre einem Angestellten, dass ich Yared Dibaba heiße und in Hamburg gemeldet bin, dass mein Pass weg ist, ich auf der Stelle einen neuen brauche und warum es so dringend ist. Ein Foto gebe ich noch ab, es ist Freitag gegen Mittag.

Am Montagmittag ruft das Konsulat an. «Herr Dibaba, Ihr Pass ist fertig.» Das muss man sich vorstellen, es gibt vier Stunden Zeitunterschied zwischen Rio und Hamburg, am Freitagnachmittag ist doch bei allen Behörden in Deutschland schon Feierabend! Trotzdem macht man mir quasi übers Wochenende einen neuen Pass!

Ich hole ihn ab und eile zum amerikanischen Konsulat. Die Angestellten wissen Bescheid, ich habe schon am Donnerstag dort angestanden, um ihnen meine Lage zu erklären, doch ohne Pass ging gar nichts. Jetzt haben sie ihn, versprechen, ihr Bestes zu tun. Ich rufe ständig an, gehe viermal persönlich vorbei, erfahre, dass ich erst am Freitagnachmittag um 15.30 Uhr kurz vor der Schließung endlich den Pass mitsamt Visum ausgehändigt bekommen soll.

Ich bin mit den Nerven am Ende. In der Zwischenzeit telefoniere ich unzählige Male mit dem Team in New York und in Deutschland. Sollte ich es nicht schaffen, pünktlich anzukommen, fiele der Dreh aus, was wahnsinnig viel Geld kosten würde, da das Team schon vor Ort ist. Ich darf gar nicht daran denken.

Als ich am Freitag beim Konsulat ankomme, sehe ich gleich, dass die Frau am Schalter meinen Pass vor sich liegen hat. Mir fällt ein Stein vom Herzen. Ich begrüße sie und sage, nun habe ich doch endlich mein Visum! Sie schaut mich mit einem merkwürdigen Blick an.

«Nein, das Visum ist nicht drinnen.»

Ich denke, mich trifft der Schlag. Sie sieht mir meinen Schrecken offensichtlich an und bricht in Gelächter aus.

«Hey, man, I'm kidding, it's here.»

Das ist kein guter Scherz. Ich nehme meinen Pass und sehe zu, dass ich rauskomme. In diesem Moment denke ich: «Ein Hoch auf die deutschen Behörden!»

Denn das Konsulat hat nicht nur zügig gearbeitet, die Mitarbeiter waren auch sehr hilfsbereit. So erklärte ich einem Angestellten, dass ich bei einer Fernsehproduktion arbeite und es toll wäre, wenn es ganz schnell gehen könnte, weil ich auch noch dieses US-Visum beantragen müsse. «Ich kenne jemanden beim amerikanischen Konsulat, er heißt soundso, rufen Sie ihn an und sagen Sie ihm einen schönen Gruß von mir ...»

Ich habe weiterhin die sprichwörtliche Seuche am Bein. In Rio will man mich nicht ausreisen lassen, weil im neuen Pass kein brasilianisches Einreisevisum ist. Ich erkläre, dass es sich um einen Ersatzpass handelt, und rede so gut ich kann auf den Beamten ein. Zeit vergeht, die Passagiere nach New York sind längst aufgerufen worden, als er mich endlich durchwinkt. Im Laufschritt erreiche ich in allerletzter Minute mein Flugzeug.

Einige Stunden später landen wir auf dem JFK-Airport. Erschöpft steige ich in ein Taxi, gebe dem Fahrer die Hoteladresse – und schon geht der nächste Ärger los. Der Mann verfährt sich, irrt ewig ziellos durch die Gegend, telefoniert mit dem Hotel, lässt sich den Weg erklären, verfährt sich erneut. Schließlich muss ich ihm helfen, weil er mit dem Stadtplan nicht zurechtkommt. Ich bin total sauer. Wir kurven zweieinhalb Stunden herum, bis wir am Ziel sind.

Im Hotel geht auch erst alles schief: Niemand wartet auf mich, das Team ist unterwegs. An der Rezeption erfahre ich, dass mein Zimmer noch nicht geräumt ist und ich eine ganze Weile werde warten müssen, bis es fertiggestellt wird. Dabei will ich nur eins: schlafen und diese letzte Woche vergessen.

Plötzlich erscheint unser Redakteur Jürgen in der Lobby des Hotels. Ein Lichtblick, denke ich, endlich jemand, der ein offenes

Ohr für mein ganzes Leid hat. Ich erzähle ihm alles haarklein, lobe die deutschen Behörden und ihre Effektivität. Wo kriegt man innerhalb so kurzer Zeit einen Ersatzausweis zugestellt?

«Das gibt es nur in Deutschland», sage ich voller Begeisterung.

Er sieht mich an, schüttelt den Kopf.

«Yared, du klingst schon wie ein richtiger deutscher Spießer», sagt er trocken.

Ihr seid gar keine Deutschen, ihr habt euer Versprechen nicht gehalten, euch kann man nicht vertrauen», schrieb erbost einer unserer amerikanischen Interviewpartner, den wir hier Gerhard nennen wollen.

Er war richtig wütend auf uns. Dabei hatte alles bestens angefangen. Die Erstbegegnung lief prima, wir verstanden uns auf Anhieb mit ihm und seiner Frau, führten miteinander spannende Gespräche über das Leben der deutschen Einwanderer und ihrer Nachfahren in Kansas. Am Schluss hatten wir tolles Material im Kasten, das ganze Team war hochzufrieden, er und seine Frau ebenfalls. Sie hätten uns gern länger da behalten und freuten sich riesig, als sie erfuhren, dass wir uns vier Monate später auf dem plattdeutschen Kongress in Omaha wiedersehen würden. Dort wollten wir den Film vorführen.

«Aber die DVD mit unserer Sendung bekomme ich schon früher, nicht wahr? Ich möchte sie auf meinem Geburtstag den Gästen zeigen!», sagte Gerhard. Das hatten wir ihm mit gutem Gewissen zugesichert, denn nach dem Produktionsplan sollte der Film sehr bald fertig werden.

Leider ging es schief. Wir waren im April bei ihm gewesen; Anfang Juni fragte er per E-Mail nach, wo sein Film bleibe, und wir mussten ihm mitteilen, dass die Postproduktion noch nicht so weit war, wir aber hofften, ihm seine DVD rechtzeitig schicken zu können. In der Zwischenzeit hatte er schon all seine Freunde eingeladen. «Ich bin jemand, der immer sein Wort hält. Ich habe ihnen einen Film versprochen – wie stehe ich denn da, wenn ich ihnen keinen zeigen kann? Ich verlasse mich auf euch», antwortete er.

Die Termine waren knapp, aber gerade noch zu schaffen. Doch im Fernsehen wie in jedem großen Unternehmen lassen sich kleine Verzögerungen und Unwägbarkeiten nicht immer vermeiden, und es stellte sich heraus, dass es nicht klappen würde. Als Gerhard das erfuhr, ärgerte er sich über alle Maßen. «Ich verliere mein Gesicht, jetzt halten mich die Leute für einen Lügner, und ihr seid schuld daran! Ihr habt mich getäuscht, ihr habt mich enttäuscht … Wenn Deutsche etwas versprechen, kann man sich auf sie verlassen, auf euch nicht! Ich will mit euch nichts mehr zu tun haben!»

Eine so heftige Reaktion hatte keiner von uns erwartet. Mit drei Wochen Verspätung bekam er seine DVD, begleitet von gebührenden Entschuldigungen der Redaktion, was seinen Ärger keineswegs linderte. Als wir ihn kurz darauf auf dem plattdeutschen Kongress in Omaha trafen, war Gerhard immer noch sauer auf uns. Doch der Film erntete einen Riesenapplaus, und wie auf einer richtigen Kinopremiere wurden alle, die daran mitgewirkt hatten, aufgefordert, auf die Bühne zu steigen. Danach waren wir endlich versöhnt.

Das änderte allerdings nichts daran, dass wir uns in seinen Augen «undeutsch» verhalten hatten; sein Ehrgefühl war durch unsere Missachtung der deutschen Tugenden verletzt. Pünktlichkeit, Zuverlässigkeit, Fleiß und Ordnung gehören dazu, dafür sind die Deutschen in aller Welt bekannt und auch berüchtigt. Bei unseren Interviewpartnern scheinen, bis auf ganz wenige Ausnahmen, die ja die Regel bestätigen, tatsächlich diese angeblich typisch deutschen Eigenschaften Teil der Identität geblieben zu sein – sogar über mehrere Generationen.

Alle Deutschstämmigen sind super pünktlich, ihre Wohnungen, Häuser und Gärten super gepflegt, ihre Werkstätten sauberer und ordentlicher als jede andere Werkstatt in der Welt. Wenn ich sie darauf anspreche, freuen sie sich.

«Das stimmt, das haben wir aus der Heimat mitgebracht», sagen sie. Und viele fügen hinzu: «Aber wir haben uns auch ziemlich angepasst. Wir sind easy going geworden, das macht das Leben schöner!»

Frieda ist 1968 mit Mann und Kindern nach Kalifornien gezogen. Zu Beginn der Hippie-Zeit. Sie war um die dreißig Jahre alt, hatte mit den deutschen Tugenden nichts am Hut. Doch die Familienkutsche, ein Mercedes, kam mit, und mit diesem Schmuckstück und Symbol deutscher Wertarbeit fährt sie heute noch. Damals blühte eine alternative Gegenkultur gerade auf, die neue Wirtschaftszweige entstehen ließ. Frieda, als Aussteigerin losgefahren, wurde zur Geschäftsfrau. Fünfzehn Jahre lang leitete sie mit ihrem Mann eine Kerzenmanufaktur.

«Wir verarbeiteten oft am Tag über dreißigtausend Pfund Wachs», erzählt Frieda. «Was am besten ging, waren Duftkerzen. Die Hippies kauften sie in großen Mengen, um den Geruch von Marihuana zu überdecken ... Manchmal mussten wir auch nachts arbeiten, die Kerzen umschichten, um morgens trockene Ware in die Läden zu schicken.»

Harte Arbeit war sie schon aus Deutschland gewohnt: «Ich habe auf einem Bauernhof geschuftet, Kühe gemolken und den Stall ausgemistet ... Als ich ausgestiegen bin, wollte ich nicht bloß wie die Hippies herumhängen, sondern etwas tun.»

Nach dem Tod ihres Mannes fing sie ein neues Geschäft an, kaufte in China preisgünstige weiße Porzellanwaren, die vom zu schnellen Brennen schwarze Flecken hatten, und bemalte sie mit Blumen. So entstand «The Frieda-Collection», ein handbemaltes Kaffeegeschirr.

«Typisch deutsch bin ich im Grunde schon geblieben», sagt

Frieda und lacht. «Mein Lebensgefährte kommt aus Deutschland, wir sind beide aktive Mitglieder des deutschen Vereins. Und noch etwas: Ich springe jeden Morgen nackt in meinem Swimmingpool und schwimme ein paar Runden … Wir Deutschen lieben doch unsere Freiheit, und wir haben ja auch FKK erfunden!»

Das stimmt. Ob man das als Tugend zählen kann? Die Amerikaner tun das jedenfalls nicht. Man sieht hier nie eine Frau oben ohne am Strand, das ist strengstens verboten.

Eine Eigenschaft dürfte in den letzten Jahrzehnten mit Sicherheit den Katalog deutscher Tugenden ergänzt haben: das Umweltbewusstsein. In den USA wiederum gilt Kalifornien als besonders vorbildlich in Sachen Umweltpolitik. Dort treffen wir Olof, denselben Olof, der extra für mich ein paar Worte Amharisch gelernt hatte, um mich bei unserer ersten Begegnung begrüßen zu können. Er wird bald heiraten.

«Für unseren Honeymoon wollen wir nach Mexiko», erzählt er mir.

Wir unterhalten uns über Urlaub. Er lebt in San Francisco und fährt mit dem Fahrrad zur Arbeit, ist damit sogar schon mal tausend Kilometer Richtung Süden auf dem Highway Number 1 gefahren. Aber diesmal wird geflogen, gibt Olof zu, der sich sonst als durch und durch Öko definiert.

«Bist du je in Brasilien gewesen?», frage ich ihn.

«Nee, wie ist es denn dort?»

«Rio ist so toll», antworte ich und gerate ins Schwärmen. «Es gibt da einen endlosen, wunderbaren Strand, es ist überhaupt eine ganz wunderbare Stadt mit good vibes!»

Olof räuspert sich. «Aber Yared, du weißt schon, dass ich ein warmer Bruder bin, was will ich denn in Rio von den Weibs?»

«Good vibes, good vibrations! Ich rede doch nicht von Weibern!»

Wir müssen beide lachen. Olof hat uns zu seiner Hochzeit

in San Francisco eingeladen; in Kalifornien sind zu dieser Zeit gleichgeschlechtliche Trauungen möglich, und viele Paare nutzen das aus.

«Wer weiß, wie lange das so bleibt», sagt Olof.

Doch er ist nicht nach Amerika gezogen, um seinen Freund zu heiraten. Er ist in den USA geboren, in Dithmarschen aufgewachsen und erst nach dem Studium wieder nach Amerika gezogen. Jetzt arbeitet er als Ingenieur und Regierungsangestellter bei Umweltprojekten mit und möchte die Amerikaner für Umweltthemen sensibilisieren – sein Spezialgebiet ist Bio-Diesel. Darüber hält er Vorträge in Universitäten, Schulen und auf Kongressen. Sein Bräutigam, mit dem er übrigens schon seit fünfundzwanzig Jahren zusammenlebt, akquiriert Spendengelder für eine Umweltorganisation. Die beiden freuen sich darauf, endlich heiraten zu dürfen, aber sie sehen das auch als politischen Akt.

Wir dürfen die standesamtliche Trauung filmen. Danach steigen Familie und Freunde aus Deutschland, Kanada und aus den USA in einen alten Schulbus, der sie zum Ort der Party bringt. Selbstverständlich fährt der Bus mit Salatöl ...

REISERITUALE

«Die Welt ist ein Buch. Wer nie reist, sieht nur eine Seite davon», schrieb vor anderthalbtausend Jahren der nordafrikanische Theologe und Heilige Augustinus, der selbst ein vielgereister Mann war. Dieses Buch ganz durchzulesen wird wohl keinem gelingen, doch wer die erste Seite umgeblättert hat, kann meist nicht genug davon bekommen. So geht es mir jedenfalls. Auch wenn ich manchmal gern länger zu Hause wäre, freue ich mich auf jede neue Reise.

Bevor ich mich auf den Weg mache, bereite ich mich vor. Von den Autoren der Sendungen bekomme ich ein Dossier, so erfahre ich im Voraus einiges über die Menschen, die wir besuchen werden. Ich stöbere auch gern in Büchern oder im Internet nach Informationen über die Länder, die wir bereisen. Dabei interessieren mich die Sehenswürdigkeiten nicht besonders, sondern viel eher die Geschichte und der Alltag der Menschen, die dort leben.

Wenn es dann so weit ist, packe ich meine Sachen – immer in letzter Minute und gern spät in der Nacht, damit ich beim Abflug schön müde bin. Am Morgen stehe ich um sechs Uhr auf, räume den letzten Rest zusammen, und wenn ich Zeit habe, bringe ich meine Söhne in die Schule und in den Kindergarten, bevor ich ins Taxi steige. Unterwegs kaufe ich noch einige Kleinigkeiten, dann kann es losgehen. Im Flugzeug setze ich Kopfhörer auf und schlafe mit Musik bald ein.

Trotzdem komme ich meist ziemlich erschöpft an. Unsere Ziele sind selten leicht zu erreichen, wir sind oft einen ganzen

Tag oder länger unterwegs, mit Flugzeugen und Autos – das ist körperlich anstrengend. Und selbstverständlich machen einem die Zeitunterschiede zu schaffen. Das wissen alle Fernreisenden, gegen Jetlag hilft nur eins: Am ersten Tag die Müdigkeit ignorieren und sich zur selben Zeit wie die Einheimischen ins Bett legen.

Früher reisten die Menschen langsam, zu Fuß oder zu Pferd, sie sahen und erlebten die Welt in einem sanften Tempo. Heutzutage springt man über Ozeane und Kontinente mit enormer Geschwindigkeit, muss oft nach wenigen Tagen weiterhetzen. Wenn man Land und Leuten näherkommen möchte, ist es gut, das Tempo ein wenig zu drosseln.

Julia und ich haben uns angewöhnt, egal, wo wir gerade sind, gleich joggen zu gehen. Das tun wir auch zu Hause in Hamburg, jeder auf seiner eigenen Strecke, doch unterwegs ist es etwas ganz anderes. Wir tanken nicht nur Sauerstoff, machen uns nicht nur wach und fit für die Arbeit, es ist auch die erste richtige Berührung mit einem Ort und seinen Bewohnern.

Manchmal fragen wir an der Hotelrezeption nach, wo es eine gute Strecke gibt, oder laufen einfach los und lassen uns überraschen. Das setzen wir während der ganzen Reise fort. Wir stehen morgens früh auf, joggen zusammen eine halbe oder eine ganze Stunde, saugen dabei Eindrücke, Gerüche, Geräusche und Bilder ein. Am Ende kehren wir immer ganz beflügelt ins Hotel zurück.

Ein wenig Angst haben wir in Sibirien: vor den Hunden, die frei herumlaufen. Gebissen werden wir zum Glück nicht, aber die Leute starren uns alle an. In dieser Gegend haben sie noch nie einen Schwarzen gesehen, und einer, der außerdem mit einer blonden Frau um ihr Dorf läuft, ist ein richtiges Ereignis. Sie treten aus ihren Häusern, um uns anzuschauen, auf der Straße bleiben sie stehen, tun aber gern so, als würde es sie kein bisschen interessieren. Doch wenn wir vorbeigelaufen sind und uns schnell umdrehen, lachen sie oder kichern über uns.

Deutsches Dorf in Sibirien

Ich liebe es, dort zu joggen. Die deutschen Dörfer bestehen aus zwei Häuserreihen entlang der Straße, vorne sind Zäune, dahinter ein Grünstreifen von zwanzig bis dreißig Metern, dann kommt das immer schmucke Haus. Auf der Rückseite befinden sich die Wirtschaftsräume, Ställe, Gemüsegärten und mittendrin das Klohäuschen. Beim Laufen schauen wir hinter die Fassaden und auf der anderen Seite in die Ewigkeit hinein: in die unendlich weite sibirische Steppe; auf Wolken, die aussehen, als hätte sie jemand gemalt und auf den Himmel gesetzt. Wir laufen jeden Tag dieselbe Strecke, bald kennt uns jeder im Dorf und winkt uns freundlich zu.

Nach China kann Julia leider nicht mitkommen. Mein Hotelzimmer in Shanghai ist im siebzehnten Stock, als ich aufwache, sehe ich aus dem Fenster ein Meer von Hochhäusern, dazwischen eine dreigeschossige und fünfspurige Autobahn – und keine Spur Grün dazwischen. Ich will aber trotzdem joggen gehen, ziehe meine Turnschuhe an und frage den Portier, ob es einen Park in der Nähe gibt. Er zeigt mir, wie ich zu einem komme.

Ich laufe los und befolge seine Anweisungen nicht: Zwischen den Hochhäusern entdecke ich traditionelle Straßen, wo das alte China weiter existiert. Hier hängt noch Wäsche zwischen Häusern, von denen manche ziemlich baufällig wirken. Menschen öffnen gerade ihre Läden oder fegen den Bürgersteig davor, andere laufen geschäftig herum, fahren zur Arbeit mit dem Fahrrad oder mit einem dieser Elektroroller, die mich erschrecken, wenn sie plötzlich lautlos neben mir auftauchen.

An der Straßenecke ist eine Garküche, vor der einige Leute stehen. Sie scheinen Dimsum, auf Deutsch kleine Herzwärmer oder Seelenstreichler, zum Frühstück zu schätzen. Das sind gefüllte Teigtaschen, die gedämpft oder frittiert werden, ich habe schon welche in chinesischen Restaurants gegessen und bin gespannt, wie sie hier schmecken und womit sie gefüllt sind. Doch erst einmal laufe ich weiter, merke mir, wo ich abbiege, weil die Straßenschilder alle nur auf Chinesisch sind, ich nur Chinesen um mich sehe und schon ahne, dass mir keiner auf Englisch den Weg zurück ins Hotel erklären könnte.

Nach einer Weile entdecke ich tatsächlich einen Park. Einen winzigen Park, der höchstens dreihundert Meter lang und dreihundert Meter breit ist, ein Taschentuch, das ich etliche Male umrunde. Dabei begegne ich immer wieder einem Mann, der Ähnliches tut – doch er läuft nur rückwärts!

Ich fühle mich wie auf einem anderen Planeten, starre die Menschen an, die mich selbstverständlich auch anstarren. Wir haben März 2008, vielleicht fragen sie sich, ob ich mich auf die Olympischen Spiele vorbereite! Sie sind jedenfalls genau so, wie man die Asiaten beschreibt: neugierig, aber dabei außerordentlich nett und höflich.

Am ersten Tag sind sie sicher offener als ich, denn ich fühle mich ein wenig verloren, allein unter Menschen, mit denen ich mich nicht verständigen kann. Außerdem erschlägt mich die Flut von Eindrücken in dieser Gigametropole mit ihren siebzehn Millionen Einwohnern. Noch bin ich nicht wirklich angekommen, da hat auch das Joggen nicht geholfen.

In meinem Gepäck befinden sich stets Reisematratze und Bettlaken, sogar wenn ich weiß, dass wir in vornehmen Hotels übernachten werden. Die Matratze wiegt fünf Kilo und lässt sich zusammengerollt leicht auf dem Trolley transportieren; man kann sie auf den Boden oder auf das Bett legen und herrlich weich darauf schlafen. Ein Beach-Volleyball-Spieler, der ständig auf Reisen ist und jeden Tag leistungsfähig sein muss, hat sie mir empfohlen: «Wenn du darauf liegst, schläfst du wie zu Hause.»

Ich habe sie vor unserer Reise nach Paraguay gekauft, gleich dort getestet, und es stimmte: Kaum lag ich darauf, schlief ich seelenruhig ein.

Sobald ich in einer Unterkunft ankomme, packe ich zuallererst meine Matratze aus. Dann kommt der Rest, und das ist ziemlich viel. Ich nehme beim Reisen immer tausend Sachen mit: fünf oder sechs Bücher, von denen ich wahrscheinlich höchstens eines lesen werde, kleine Lautsprecher für meinen iPod, jede Menge Kabel und Stecker für alle Länder dieser Erde, meinen Laptop, zwei oder drei Festplatten, einige DVDs und vieles mehr. Ob ich einen Film anschauen oder all diese Dinge benutzen werde, weiß ich nicht; wichtig ist mir, dass diese Sachen da sind.

Es ist jedes Mal wie eine kleine Zeremonie: das Bett machen, den Computer anstecken, den Schreibtisch mit Büchern und anderen Zutaten dekorieren, den Koffer auspacken, die Kleider in den Schrank hängen, die Schuhe ins Regal stellen. Manchmal nehme ich auch meine Gitarre mit, spiele am Abend ein paar Akkorde, singe ein wenig zum Abschalten. Dann fühle ich mich in jedem Zimmer auf der ganzen Welt heimisch.

Gegenstände, Gewohnheiten und Rituale verschaffen einem

in der Fremde zwar heimatliche Gefühle, doch wichtiger sind die Menschen, denen man begegnet. Als Fernsehteam werden wir meistens mit großer Herzlichkeit empfangen, die Deutschstämmigen laden uns in ihre Häuser ein, zeigen uns ihre Schätze aus der alten Heimat, erzählen oft stolz von dem, was sie oder ihre Vorfahren geleistet haben, manchmal auch von ihren Sorgen. Die Tochter will sich scheiden lassen, die Ehefrau hat Alzheimer und muss gepflegt werden, das Kind tut sich schwer in der Schule, der Chef nervt, die Arbeitsstelle ist gefährdet – auf dem ganzen Globus haben die Menschen ähnliche Probleme und Freuden. Und wenn wir dieselbe Sprache sprechen, entsteht von selbst ein Gefühl der Verbundenheit.

SCHLESWIG-HOLSTEIN IN IOWA

Mein Großvater ist 1873 nach Iowa ausgewandert», erzählt Glenn, ein Urgestein der hiesigen plattdeutschen Szene. «Er fand bald Arbeit als Straßenfeger bei der Gemeinde in Davenport.» Verständigungsprobleme dürfte er kaum gehabt haben: Damals hatten sich so viele Auswanderer aus Schleswig-Holstein in der Gegend angesiedelt, dass jeder – auch die Afroamerikaner – zumindest ein wenig Platt reden konnte. Ihre Nachfahren erinnern sich daran, wie die Großeltern gern von den Anfängen in ihrer neuen Heimat berichteten. Selbstverständlich in ihrer Muttersprache, auf Platt.

«Die Zeiten waren damals wegen der Kriege nicht gut für die Menschen in Deutschland», fährt Glenn fort, «der Erste wanderte schon um 1850 aus. Er schrieb nach Hause, dass es ganz schön hier am Westufer des Mississippis sei. Die Verwandten erzählten es im ganzen Dorf, diese Nachricht verbreitete sich weiter, dann kam noch einer und noch einer, und am Schluss kamen ganz viele, weil jeder etwas Besseres für seine Familie wollte. So hat es eigentlich mit Briefkontakten angefangen.»

Durch diese Kettenwanderung zogen die Menschen aus Schleswig-Holstein, die in der Heimat keine Zukunft für sich und ihre Familien sahen, in drei großen Wellen hierher. Die erste begann eben um 1850, die zweite nach dem Ersten Weltkrieg, und die letzten Nachzügler kamen nach dem Zweiten Weltkrieg.

«Aber warum sind sie gerade nach Iowa und nicht nach Kalifornien gegangen?», frage ich Glenn.

«Schau dich um, Yared, das Land ist fruchtbar, es gibt viel

Glenn im ASHHS-Haus in Walcott/Iowa

Wasser. Wenn man arbeiten will, kann man sich ein schönes Leben aufbauen. Die ersten Jahre waren sehr gut für die Deutschen in Amerika, aber dann kam der Erste Weltkrieg, und es wurde schwieriger. Alles, was mit Deutschland zu tun hatte, wurde verboten, man durfte in der Öffentlichkeit, in den Schulen und in den Kirchen nicht mehr platt schnacken. Für meinen Großvater war es hart, als er sah, wie die alten Schulbücher weggeworfen wurden. Das war ein Stück Heimat, das so verschwand ...»

Doch zu Hause sprach man weiterhin Platt. Als Glenn 1933 mit fünf in die Schule kam, konnte er so gut wie kein Wort Englisch. Die Sprache seiner Kindheit liebt er so sehr, dass er mit anderen Plattschnackern Ende der achtziger Jahre ASHHS – American Schleswig-Holstein Heritage Society – gegründet hat, den Heimatbund der Plattdeutschen in Amerika.

«Unsere Organisation hat nichts mit Lederhosen, Sauerkraut und dem Münchner Oktoberfest gemein, es geht darum, die Kultur-Region zwischen Nord- und Ostsee zu repräsentieren und das von Bayern geprägte Deutschlandbild der Amerikaner zu erweitern», kann man auf der ASHHS-Seite im Internet nachlesen. Der Verein hat an die tausend Mitglieder aus allen amerikanischen Staaten und aus Deutschland, sein Sitz ist in der Stadt Walcott, unweit von Davenport.

Auf dem Weg dorthin entdecken wir einen Wegweiser: «Bredenbek 11272 Kilometer». Bredenbek ist die Partnerstadt von Walcott, Schleswig-Holstein sozusagen «gleich um die Ecke». Im Vereinshaus kann man in der Bücherei stöbern, Ahnenforschung betreiben und Platt lernen. Wie in Kansas ist in den letzten Jahren das Interesse an Sprache und Kultur gewachsen, die Kurse sind besser besucht.

Als Julia eine Stunde mitmacht, sitzt sie fast nur mit älteren Leuten zusammen, die allerdings mit großer Begeisterung dabei sind. Und sie freuen sich über eine der neuesten Reliquien, die abgenutzte grüne Fahne eines Schützenvereins aus der Heimat, die jetzt an der Wand im Klassenraum hängt.

In Davenport selbst steht das German American Heritage Center in einem schönen mehrstöckigen Backsteingebäude, das früher zeitweise ein Bordell und auch ein Auswanderer-Hotel beherbergte. Unter den Exponaten findet man Gegenstände und Möbel, die den deutschen Auswanderern gehörten, viele Fotos aus der «guten alten Zeit», darunter welche von Glenns Großeltern, wie sie vor ihrem Haus stehen und ernst in die Kamera blicken.

«Wir wollen unsere Sprache und unser Erbe für die nächsten Generationen bewahren», sagt Glenn.

Ob es gelingen wird? In der eigenen Familie ist Glenn jedenfalls gescheitert. Seine Kinder verstehen nur ein paar Worte Platt und haben kein Interesse daran, die Sprache ihrer Ahnen zu lernen.

Mit Kalle vor dem German Hausbarn in Manning/Iowa

In Manning, circa dreihundert Kilometer von Davenport entfernt, gibt es eine German Village Mall und seit 1999 den Manning Heritage Park mit dem German Hausbarn, einem alten Fachwerkbauernhaus mit Reetdach. Es wurde 1660 in Schleswig-Holstein gebaut, gehörte also im Laufe der Jahrhunderte zu Österreich, Preußen, Dänemark und schließlich Deutschland. Das Haus war in so schlechtem Zustand, dass sein Besitzer es den Deutschamerikanern einfach schenkte. Studenten aus Eckernförde bauten es ab, retteten, was noch zu retten war. Balken, Türen, Fenster und Steine wurden nach Amerika verschifft und kamen in Manning an. Drei Jahre dauerte der Wiederaufbau.

Kalle, ein drahtiger Mann Ende sechzig, war früher Maurer und hat kräftig mitgeholfen. Ehrenamtlich. Er fuhr gegen fünf Uhr morgens los, kam etwa um neun Uhr in Manning an, schuftete gute sieben bis acht Stunden, kehrte spät nach Hause zurück. Die Benzinkosten zahlte er aus eigener Tasche.

«Das hat mir Spaß gemacht», erklärt er mir. «Das war ein Stück Deutschland, das hierher kam. Die Leute aus Manning haben sich riesig gefreut, und wir hatten viele Freiwillige, die uns geholfen haben. Es war eine wunderbare Stimmung auf der Baustelle.»

Ähnlich müssen sich die ersten Auswanderer zusammengetan haben, wenn sie eine Kirche für ihr neugegründetes Dorf bauten. Das German Hausbarn ist ein Museum geworden, eine Touristenattraktion, auf die man in Manning stolz ist. Es sieht von außen toll aus. Die Originalsteine reichten nur für die Vorderfront und für die Einfahrt, der Rest sind alte Steine aus Chicago. Das Reetdach haben drei Dachdecker aus Deutschland gebaut.

«Das kennt man hier nicht. Es war nicht leicht, sie zu finden, denn auch in Deutschland will niemand mehr diese alten Handwerkberufe lernen.»

Kalle blickt besorgt hoch. Fünfzig Jahre soll das Dach halten, ob danach überhaupt noch jemand in der Lage sein wird, ein neues zu bauen? Das weiß keiner. Im Haus kann man einen Originalwebstuhl, altes Kochgeschirr aus Deutschland, ein paar Bauernmöbel und bestickte Handtücher sehen, lauter museale Stücke aus dem ärmlichen Leben der Einwanderer.

«Kalle, du bist mit der letzten Welle hergekommen, nach dem Zweiten Weltkrieg, wie ist es für dich, hast du noch Heimweh?»

«Am Anfang war das schwer. Ich habe oft an zu Hause gedacht, an die Mutter, an die guten Gerichte, die sie kochte. Besonders zu Weihnachten ...»

Kalle vermisst heute noch das schöne alte deutsche Schwarzbrot. Alle drei Monate fährt er nach Chicago, wo man es in einigen Deli-Stores findet, kauft dort auch deutsches Bier und deutschen Weinbrand.

«Das Heimweh, das gibt sich mit der Zeit», sagt er, doch es klingt melancholisch.

Enn, twee, dree, De Katt löppt in Snee, de Kater achter ran, nu hett de Katt een Mann», auf Hochdeutsch: «Eins, zwei, drei, Die Katze läuft im Schnee, der Kater hinterher, nun hat die Katze einen Mann», diese Zeilen hat Bills Großmutter allen ihren Enkeln beigebracht. Sie hatte elf Kinder, von denen sieben aus Schleswig-Holstein nach Iowa ausgewandert sind, und sie ging mit ihnen. Von den restlichen vier ist ein Mädchen früh gestorben; zwei Söhne sind im Ersten Weltkrieg gefallen, und einer hat ein Bein verloren und musste in Deutschland bleiben – wer krank oder versehrt war, den ließen die Einwandererbehörden nicht ins Land.

Bill ist in Amerika geboren und mit seinen fast siebzig Jahren sehr rüstig. Vor kurzem hat er zu seinem Leidwesen dreihundert Hektar Land verpachten müssen, weil ihm die Arbeit doch zu viel wurde, aber seine hundert Hektar Maisfelder schafft er noch allein. Mit modernsten Landwirtschaftsmaschinen, die er in einem riesengroßen Schuppen unterstellt.

Dort hat er seine Werkstatt, wie alle deutschen Werkstätten ein Muster an Ordnung. Wenn er hier arbeitet, legt er eine Kassette mit Volksmusik aus Norddeutschland ein, die ihm Freunde mitgebracht haben.

«Die Musik hörst du mit den Ohren, dann schickst du sie zu den Füßen ... »

Bill bringt mir ein paar Schritte Polka bei. Mit seiner Frau geht er gern zur Polkaparty, einem der Highlights für die Deutschamerikaner der Gegend. Fast der ganze Heimatverein ist anwesend.

«Die Kinder haben ihren Spaß mit dem Ententanz. Wir, die Senioren, tanzen Polka. Und das kannst du mir glauben, wir hören erst auf, wenn die Kapelle nach Hause geht!»

Deutsche, die Bill kennenlernen, wundern sich: Er spricht nur Platt, kein Hochdeutsch.

«Das habe ich nie gelernt. Platt ist mein Hobby, es interessiert mich. Ich höre auch gern Textkassetten auf Platt. Weißt du, ich bin auf dem Bauernhof aufgewachsen, mein Wortschatz war am Anfang nicht sehr groß. Wenn die anderen über Politik oder Wissenschaft redeten, verstand ich nur wenig. Mit den Kassetten lerne ich neue Worte, ich wiederhole sie, bis ich sie auswendig kann.»

Der Autor dieser Sendung war zwanzig Jahre vor unserer Reise schon in Iowa gewesen und meinte, es gäbe dort eine total lebendige plattdeutsche Kultur. Doch es hat sich in der Zwischenzeit viel geändert. Nach Plattschnackern muss man jetzt suchen, und Bill macht sich keine Illusionen über die Zukunft.

«Mit unseren Vereinen versuchen wir zu retten, was noch zu retten ist», sagt er, «aber im Grunde nützt es gar nichts. Die deutsche Kultur in den USA geht ein. Es ist ein Kampf gegen Windmühlen, wir sitzen auf verlorenen Posten. Wir sind wie die Dinosaurier, dem Untergang geweiht ... »

Der harte Kern der Plattschnacker trifft sich jeden Tag um sechs Uhr morgens bei McDonald's. Ich setze mich dazu und frage, worüber sie sich so unterhalten.

«Wir erzählen uns die Neuigkeiten, wie es den Kindern geht, ob jemand krank ist oder gar gestorben», sagt Glenn. «Wir sprechen über unsere Felder, über die Ernte. Wie der Mais dies Jahr wird, ob der Soja gesund ist, oder ob es Schädlinge gibt ... »

«Genau, wir sind doch hier alle Bauern, deshalb reden wir viel über das Wetter. Ob es schön wird, ob es nach Gewitter aussieht.»

«Wird euch das nicht langweilig?», frage ich.

«Überhaupt nicht. Wir sprechen auch über Politik. Weißt du, Yared, was hier bei uns gesagt wird, das stimmt. Amerikas Politik wird in Iowa entschieden, eigentlich wird die ganze Weltpolitik hier bei uns entschieden, ob der Krieg im Irak weitergeht und ob die Deutschen mitmachen ... »

Die Bevölkerung des Staates Iowa scheint tatsächlich ein großes politisches Gewicht zu haben. Man behauptet, hier werde der amerikanische Präsident gewählt. Denn in Iowa finden die ersten Vorwahlen der Parteien statt, ihr Verlauf und das Ergebnis werden von den amerikanischen und internationalen Medien aufmerksam verfolgt. Nicht alle, die in diesem Bundesstaat gewonnen haben, sind Präsidenten geworden, doch der lange Weg bis ins Weiße Haus hat für Jimmy Carter, George Bush und Barack Obama dort begonnen. Obama sagte nach seinem Marathonwahlkampf: «It all began in Iowa».

Wir drehten dort 2006. Damals kannte ich nicht einmal Obamas Namen und hätte mir nie vorstellen können, dass drei Jahre später ein Afroamerikaner mit Migrationshintergrund zum Präsidenten gewählt werden könnte. Obama ist zwar in den USA, auf Honolulu, geboren, er hatte schon immer einen amerikanischen Pass, aber sein Vater war Kenianer. Er hat also wie ich afrikanische Wurzeln, und hat ebenfalls einen Teil seiner Kindheit als Auswanderer verbracht: Seine amerikanische Mutter ließ sich scheiden, heiratete einen Indonesier und zog mit Sohn und Ehemann nach Djakarta. So lernte Obama noch eine weitere Kultur kennen; erst mit zehn Jahren kehrte er nach Hawaii zurück.

Die Wahlnacht verfolgte ich mit meinen Eltern vor dem Fernseher. Da ich abends noch eine Veranstaltung moderiert hatte, musste ich mich zwischendurch hinlegen. Als klar war, dass Obama die Wahl gewonnen hatte, weckte mich mein Vater sofort auf. Danach saß ich den ganzen Tag vor dem Fernseher und sah mir die beeindruckenden Wahlbilder aus den USA an. Am Nachmittag kamen einige Freunde meiner Eltern zu einer kleinen Wahlparty vorbei und beglichen damit zugleich eine Wettschuld – meine Mutter hatte nämlich auf einen Sieg Obamas gesetzt.

Die Dinge bewegen sich: 1865 wurde in den USA die Sklaverei abgeschafft, hundert Jahre später verabschiedete der Kongress Gesetze, die politische, rechtliche und soziale Rassendiskriminierung verboten, und nochmal über vierzig Jahre später wählt das Volk mit großer Mehrheit einen Afroamerikaner zum Präsidenten. Wenn das kein Grund zum Feiern ist!

Egal, was Barack Obama tatsächlich erreichen wird: Sein Sieg ist für viele Menschen in den USA – egal welcher Herkunft und Hautfarbe – schon mal ein Riesenschritt nach vorne. Denn er zeigt, dass durchaus manchmal wahr wird, was der amerikanische Traum verspricht: Jeder kann es in diesem Land schaffen.

UMWEGE ZUM ZIEL

Als ich 1997 nach Hamburg kam, war ich von der Verwirklichung meines Traums, Schauspieler zu werden, weit entfernt. Meinen Lebensunterhalt musste ich mir auf andere Weise verdienen. Gelegentlich machte ich Modefotos, es reichte aber nicht, deshalb versuchte ich es wie die Föhrer in der Gastronomie. Ich wurde Kellner in einem Restaurant, wo die Luft entsetzlich verraucht war, was mir gar nicht bekam. Außerdem wollte ich viel lieber tagsüber arbeiten.

Ein Schauspielerkollege, der Stadtrundfahrten in Doppeldeckerbussen begleitete, sagte mir, das sei ein cooler Job. «Du hast dich schnell eingearbeitet, redest einfach die ganze Zeit durch, und die Leute sind zufrieden!» Sein Unternehmen suchte neue Stadtführer, so stellte ich mich vor. Da ich ganz gut englisch und auch einigermaßen französisch sprach, durfte ich bald anfangen.

Doch was sollte ich meinen Fahrgästen erzählen? Ich war neu in der Stadt, kannte mich zu wenig aus. Vor meinen ersten Touren bereitete ich mich sorgfältig vor und las viel über die Geschichte und die Sehenswürdigkeiten. Das war nicht nur eine Pflichtübung: Durch die Bücher und die Arbeit wurde mir Hamburg sehr schnell ein richtiges Zuhause, ein Ort, den man durch und durch kennt und liebt.

Meine Touristen wollten aber nicht bloß Informationen bekommen, sondern vor allem unterhalten werden. Das tat ich sehr gern. Ich probierte Gags aus, brachte den Leuten Lieder bei oder sprach mit ihnen Platt, wenn wir im Stau standen. Manchmal erfand ich einfach Geschichten über Häuser, Menschen oder Denkmäler dazu – nicht umsonst nennt man in Hamburg die Touristenführer «He lücht», Er lügt! Meine Fahrgäste hatten Spaß und gaben mir oft am Ende der Tour ein üppiges Trinkgeld. Das war ein toller Job, der mir genug Zeit ließ, mich um die Schauspielerei zu kümmern.

Ich machte auch wieder Musik, war im Verein «African Heritage» mit Kindern, Jugendlichen und jungen Erwachsenen aus verschiedenen afrikanischen Ländern aktiv. Wir trafen uns jeden Sonntag, um zusammen zu trommeln. Die Lehrerin Audrey, die selber Soul und Gospel sang, organisierte uns Auftritte, sodass wir eines Tages für eine Episode im Ohnsorg-Theater trommelten.

Ich kannte das Ensemble seit meiner Kindheit, habe es oft mit meinen Eltern und meinen Geschwistern im Fernsehen gesehen. Unsere ganze Familie liebte es sehr und lachte sich kaputt bei den Stücken. Daher freute ich mich besonders, einmal selbst in diesem Theater auf der Bühne zu stehen.

Die Gelegenheit nutzte ich, um mit dem Regisseur zu sprechen. Ich sagte ihm, dass ich plattdeutsch schnackte und Schauspieler sei, fragte ihn, ob er für mich eine Rolle hätte. Einige Monate später kam ein Anruf vom Intendanten Christian Seeler. «Vielleicht haben wir was für Sie», sagte er. Wir trafen uns, und er zeigte mir das Stück, um das es ging: die Folge «Souvenirs, Souvenirs» für die Ohnsorgs im Fernsehen. Ich sollte eine Gastrolle als Taxifahrer Tom übernehmen und mit Heidi Kabel zusammen spielen. Das war mir eine große Ehre!

In der Episode kehrt Heidi Kabel aus einem Afrika-Urlaub zurück und steigt am Flughafen in mein Taxi ein. Auf dem Weg nach Hause fällt ihr ein, dass sie mich ihrer Familie als Mitbringsel vorstellen könnte – ein Klischee, aber witzig erzählt. Am 1. Januar 1999 wurde die Folge ausgestrahlt.

Sechzehn Jahre später treffe ich die Ohnsorg-Leute ausge-

Mit dem Ohnsorg-Schauspieler Jens Scheiblich bei einem Stopp des Tourneebusses in der Namib-Wüste

rechnet in Afrika wieder: Mit unserem NDR-Team begleiten wir das Theater ein paar Tage auf einer Tournee durch Namibia. Ich treffe den Intendanten und einige Schauspieler, die ich von damals kenne – welch ein Rollenwechsel, jetzt halte ich ihnen mein Mikrofon vor die Nase!

Die Truppe, die sich der plattdeutschen Kultur verschrieben hat, möchte sie auch verbreiten und gibt regelmäßig Gastspiele in Deutschland, Österreich und der Schweiz. Aber sie war auch schon in New York, in Japan, auf Mallorca und Java.

In Namibia leben noch eine Menge Plattschnacker, viele davon auf dem Land. Einige erzählen mir, dass sie mehrere Hundert Kilometer gefahren sind, nur um das Ohnsorg Theater einmal auf der Bühne zu sehen. Zur Vorstellung in Swakopmund ist der Saal gerammelt voll. Ich klatsche genauso begeistert wie das Publikum, als nach dem «Hörrohr» der Vorhang fällt.

In Hamburg als Schauspieler Arbeit zu finden war nicht leicht. Ich sprach bei Theaterproduktionen vor, versuchte es auch beim Film und beim Fernsehen, aber Schwarze brauchte man dort immer nur als Dealer, Asylanten, Taxifahrer oder bestenfalls noch als Fußballspieler. Nie als Ärzte, Anwälte oder Familienväter. Das ärgerte mich natürlich, denn ich hatte nicht mit vollem Einsatz die Schauspielausbildung gemacht, um jetzt nur auf diese Rollen festgelegt zu sein. Ich wünschte mir, in einem Fernsehfilm eines Tages den Bundeskanzler zu spielen. Dazu müsste ein schwarzer Bundeskanzler in Deutschland so gut vorstellbar sein wie ein schwarzer Präsident in den USA.

Ich nahm Kontakte zu Werbefirmen und Agenturen auf, bekam einige Jobs und sogar einen, der mich richtig bekannt machte. Das war ein Werbespot für Uncle Ben's Rice, der überall im Fernsehen lief. Ich spielte einen Bräutigam, der mit seiner Braut nach der Trauung vor der Kirche steht. Uns streute man aber nicht wie üblich Reis über den Kopf, sondern Kinder, die Milchreis mit dem Löffel aßen, bewarfen uns damit. Reiskörner blieben mir am Gesicht kleben, ich wischte sie mit der Hand ab, kostete und sagte: «Mmmm, Apfelzimt …» Der Clip kam gut an und wurde oft wiederholt. Danach erkannten mich häufig Menschen auf der Straße, und man wurde in der Medienbranche auf mich aufmerksam – ich war der Mann aus der Milchreiswerbung.

Da ich von meiner Arbeit gut leben können wollte, dachte ich immer öfter an eine Karriere im deutschen Fernsehen – als Schauspieler, nicht als Moderator. Weil man auch dorthin nicht eben leicht gelangt, bildete ich mich weiter fort. Ich nahm zusätzlich Gesangsunterricht am Konservatorium bei klassischen Opernsängern und auch bei Joan Bell, einer Gospel- und Jazzsängerin. Bald sang ich in der Band Real Time und dachte, wenn es mit der Schauspielerei nicht klappt, kann ich vielleicht auch mit Musik Geld verdienen. Real Time ist eine Cover Band, wir spielten Kool and The Gang, James Brown, Chaka Khan und solche Sachen.

Ich sang mit einer Sängerin zusammen und entdeckte in mir die Rampensau. Ich kann richtig Gas geben, dreimal fünfundvierzig Minuten hintereinander, danach bin ich klatschnass und fertig, aber auch total glücklich. Es ist wunderbar, wenn die Leute im Saal am Anfang eher zurückhaltend und lustlos sind und am Ende alle tanzen und nach Zugaben rufen. Das ist ein tolles Erfolgserlebnis. Doch es machte mir mindestens genauso viel Freude, als Entertainer zu arbeiten, mit Sprache, Sprachwitz und im Gespräch die Menschen in Stimmung zu bringen.

Bald bot man mir richtige Moderatoren-Jobs bei Veranstaltungen wie Brautmodenschauen an, wo ich auch zwischendurch sang. Die Resonanz war positiv. Kurz darauf bekam ich meinen ersten Moderatorenvertrag bei einer Firma, die Nachmittags-Talkshows produzierte. Dann kam eine Anfrage, ob ich Beach-Volleyball-Turniere moderieren wollte. Ich hatte sofort Lust und hab mich schnell eingearbeitet. Ich spiele zwar selbst nicht, schaue aber wahnsinnig gern zu.

Auf eine Moderation muss man sich wie auf eine Rolle vorbereiten, muss sich Texte merken, improvisieren und eine gewisse Dramaturgie aufbauen können. Wenn man auf der Bühne steht, hat man ein ähnliches Gefühl wie bei einer Theaterpremiere und auch ein wenig Lampenfieber. Und man hat die Aufmerksamkeit der Zuschauer, bekommt ein unmittelbares Feedback, kann sogar noch mehr als beim Theater mit Menschen in Kontakt kommen. So betrachtete ich diese Arbeit als glückliche Fügung.

Nach und nach wurden mir andere Jobs angeboten, die allesamt sehr spannend waren. Ich moderierte im Rundfunk, kurze Zeit im Fernsehen bei TM3, bei einer Pressekonferenz für Britney Spears, bei verschiedenen Gala-Abenden für Unternehmen und bei Wohltätigkeitveranstaltungen, schließlich auch bei Filmpremieren und beim Hamburger Hafengeburtstag.

2006, als die Fußballweltmeisterschaft in Deutschland stattfand, stand ich dreißig Tage lang auf der Bühne am Heiligengeistfeld und moderierte vor bis zu siebzigtausend Fußballfans. Von meiner Bühne blickte ich auf ein Meer von Fahnen aus allen Ländern, auf unzählige aufgeregte Gesichter. Im Publikum mischten sich je nach Spiel Ghanaer, Schweden, Brasilianer, Franzosen, Japaner, Tschechen, Italiener, Mexikaner, Deutsche und die Fans von allen anderen Mannschaften, und alle feierten zusammen in einer großartigen wilden und zugleich friedlichen Partystimmung.

Mich faszinierte dieses herzliche Miteinander der vielen Nationen, die hier versammelt waren. Jeder fieberte zwar für seine Mannschaft, aber am Ende haben auch viele zusammen gefeiert. Es hat mir Spaß gemacht, das mitzuerleben und ein wenig mitgestalten zu dürfen.

WIR BLEIBEN HIER

Im August 2007 fliegen wir nach Sankt Petersburg. Am Flughafen müssen wir fünf Stunden auf unseren Weiterflug nach Nowosibirsk warten. Ich laufe da herum, wie ich es auf der ganzen Welt tue, sehe mich neugierig um. Kurz davor sind wir in Nebraska gewesen, wenn man dort ein Geschäft betritt, springt einen die Freundlichkeit der Leute geradezu an. In Sankt Petersburg dagegen kommen mir die Menschen abweisend vor. Einige blicken mich regelrecht unfreundlich an. Ich finde es schade, weil ich mich überall gern mit den Leuten unterhalte, aber leider kann ich nur wenige Worte Russisch, und ich treffe niemanden, der Englisch spricht.

Als wir in Nowosibirsk landen, sind wir noch lange nicht am Ziel. Die Deutsch-Sibirer, die wir besuchen wollen, leben acht Stunden Autofahrt entfernt im Rayon Altai. Wir steigen in einen uralten, kleinen und schönen Reisebus ein: das Armaturenbrett ist mit Teppichen geschmückt, die Sitze sind gepolstert und mit grüngelbem Stoff bezogen, an den Fenstern hängen kurze Vorhänge in Altrosa. All das verbreitet eine gemütliche Atmosphäre.

Draußen ist es erst weniger reizvoll, denn Nowosibirsk ist sehr groß und sehr grau, aber je weiter wir kommen, desto grüner und schöner wird es. Und die Landschaft ist genauso platt wie Ostfriesland, wo ich früher mit meinen Eltern oft die Ferien verbracht habe. Als wir lange an einem See, einer sehr großen Wasserfläche, entlangfahren, steigen zudem Bilder vom Langano-See in mir hoch, und ich fühle mich trotz aller Müdigkeit von einer Flut heimatlicher Gefühle gewärmt.

Meine Mitreisenden schlafen oder versuchen es. Die Straßen sind wie in Äthiopien voller Schlaglöcher, manchmal sind es auch nur Schotterpisten, sodass einem beim Lesen schlecht wird. Zum Glück habe ich meinen MP3-Player dabei. Oft nutze ich die langen Fahrten, um mich auf den Dreh vorzubereiten, und höre Bücher, die mir Informationen über das Land vermitteln. Diesmal nicht. Für Sibirien habe ich eine Biographie von Steve Jobs mitgenommen. Das ist das absolute Kontrastprogramm!

Steve Jobs, Sohn eines syrischen Politikers und einer Amerikanerin, wurde von einem amerikanischen Ehepaar adoptiert und ist als Gründer von Apple eine der bekanntesten Persönlichkeiten der Computerindustrie. In meinen Ohren ist also von Silicon Valley und einer uramerikanischen Erfolgsstory die Rede, während sich vor meinen Augen die unendliche Weite der sibirischen Steppe entfaltet. Es gibt weit und breit nichts, keine Städte, keine Fabriken, nichts, fast nur unberührte Landschaft.

Auf unserer Fahrt nehme ich diese zwei so unterschiedlichen Welten gleichzeitig wahr wie auf einer Zeitreise, die in zwei Richtungen führt: einerseits ins hochtechnologisierte dritte Jahrtausend, andererseits zurück in eine Vergangenheit, die ich mit ewigem Winter, Gulag und Verbannungen in Verbindung bringe. Und je weiter wir kommen, desto neugieriger werde ich auf das Sibirien, das uns erwartet, auf die Menschen, denen wir begegnen werden.

Nach Stunden hält der Bus an einer Raststätte, die aus Bretterbuden besteht. Wir sind froh, uns die Beine vertreten zu dürfen, und trinken einen fertigen Pulverkaffee mit Milch und Zucker, der scheußlich schmeckt. Ich glaube, es ist der mieseste Kaffee, den ich je getrunken habe, aber ich bin dankbar, dass es überhaupt etwas Warmes zwischendurch gibt, denn es ist ziemlich kalt, und wir haben noch eine lange Fahrt vor uns.

Das Rayon Altai und seine Hauptstadt Halbstadt sind überhaupt keine touristische Gegend. Fremde verfahren sich selten

Unser Bus vor dem Ortseingangsschild von Halbstadt/Sibirien

bis hierher. Der Besuch eines Fernsehteams aus Deutschland ist ein großes Ereignis, sodass der Landrat uns höchstpersönlich willkommen heißt. Er hat selbst unsere Unterbringung im besten Gebäude der Stadt organisiert und ist etwas besorgt. Ob wir uns da wohl fühlen werden? Ob wir alles haben, was wir brauchen? Er bemüht sich rührend um uns.

Ich bekomme eine Art Suite aus zwei Zimmern und einem Bad zugeteilt, doch als ich die Tür öffne, schrecke ich erst mal zurück: Mir kommt ein muffeliger Geruch entgegen, als seien die Räume vor sehr langer Zeit zuletzt gelüftet worden. Auch das Mobiliar hat bessere Tage gekannt. Ich klopfe bei den Kollegen an, in ihren Zimmern sieht es ähnlich aus. Wir sind bescheidene Unterkünfte gewohnt, allerdings meist nur für kurze Zeit. Hier dagegen werden wir zwei ganze Wochen bleiben und das hundertjährige Jubiläum deutscher Dörfer im Rayon filmen …

Und siehe da, am Ende wäre ich gern länger in Halbstadt geblieben. Die Deutschstämmigen, die in dieser Gegend noch leben, haben etwas Besonderes, was mich sehr beeindruckt hat. Sie sind nicht reich an materiellen Gütern, aber das Wenige, was sie besitzen, haben sie mit uns großzügig geteilt. Und mit einer rührenden Offenheit über ihre Gefühle gesprochen: Über die Wunden, die der Sozialismus ihnen zugefügt hat, über die Trauer und die Einsamkeit, die sie empfinden, seit in den letzten Jahren so viele Bewohner nach Deutschland ausgewandert sind. Und über ihre ungebrochene Liebe zur sibirischen Heimat.

Gastronomisches Intermezzo

Gastronomisches Intermezzo

Morgens holt uns der Bus aus unserem Hotel ab und fährt uns zu einer alten Tankstelle, wo alles schon bereitsteht: Die überaus gastfreundlichen Sibirer stellen jeden Tag etwas anderes für uns auf den Tisch, wenn wir mit unserem Team und unseren Fahrern zum Frühstücken kommen. Dieses gemeinsame Erlebnis ist eine schöne Zeremonie.

Vermutlich muss man sich im Sommer unbedingt eine Schicht Speck zulegen, um die Wintermonate zu überleben: Das Essen schmeckt sehr gut, ist aber ziemlich fett. Schon das Frühstück ist eine richtige warme Mahlzeit – daran gewöhnen wir uns schnell. Es gibt Marmelade, Butter und Brot, auch Tomatensalat, eine Art Tortellini, Hackröllchen, Hähnchenfleisch oder Fisch, dazu Kaffee oder Tee. So viel würde keiner von uns zu Hause essen, aber wir benehmen uns wie Sibirer und hauen kräftig rein, bevor wir uns an die Arbeit machen.

Im kleinen Supermarkt von Halbstadt findet man kaum europäische Produkte, dafür viele russische und asiatische, die über Japan eingeflogen werden. Ein Brot ist sehr billig, ein kleines russisches Eis am Stil doppelt so teuer, doch es kostet nur einen Bruchteil dessen, was man in Deutschland für ein Eis bezahlt. Man kann hier alles kaufen, von der Wolldecke über Kosmetik bis zu kitschigen Landschaftsbildern auf Holz. Und für umgerechnet drei Euro fünfzig dicke Plastikkanister mit bunter Aufschrift. Sie enthalten je fünf Liter Bier – im fernen Sibirien feiert man gern zusammen mit vielen Leuten.

Am Abend kommt unser russischer Wirt mit Wodka an. Er schenkt uns große Gläser randvoll ein. «Sa sdarowje», sagt er, oder «Prost!», dann wird getrunken. Das Glas mit einem Ruck geleert. Da ich keinen Alkohol trinke, tue ich einige Male so, als würde ich mittrinken, um ihn nicht zu beleidigen, und halte mich ansonsten im Hintergrund. Unser Regisseur opfert sich und rettet unseren Ruf.

Es ist kein Klischee: Die Russen und selbst einige der deutschstämmigen und ziemlich religiösen Mennoniten, die sich dreimal die Woche im Bethaus versammeln, sind außerordentlich trinkfest. Einen Widerspruch scheinen sie darin nicht zu sehen. Einer unserer Interviewpartner ist schon zu Beginn des Drehs stockbesoffen; er steht aber noch fest auf den Beinen, kippt weiter ein Glas nach dem anderen fröhlich hinunter. Ob das am Wetter liegt? Wir sind zwar im Sommer da, im Winter bei 40 Grad Minus würde vielleicht selbst ich ein Gläschen Alkohol zum Aufwärmen trinken.

Im August ist auch in Sibirien Hochsommer, es ist trocken und sehr warm. Ich staune über die Blumen im Garten von Jelisaweta. Die vierzigjährige blonde Lehrerin und Bäuerin mit dem schmalen Gesicht lacht mich aus.

«In Deutschland glaubt ihr wohl, dass bei uns Bären und

Wölfe im Dorf herumspazieren», sagt sie. «Dann siehst du nur Kühe!»

Und die herrliche Landschaft, diese Weite, die an Norddeutschland erinnert, den tiefblauen und wolkenlosen Himmel über der Steppe und die Getreidefelder.

«Ist es hier immer so schön und friedlich?», frage ich Jelisaweta. «Es gibt doch auch harte Zeiten ...»

«Sehr harte Zeiten», antwortet sie und sieht mich an. «Meinst du den Winter? Ja, im Winter ist es hart, wenn die Temperaturen 48 Grad unter null erreichen.»

Wir beide wissen, dass ich etwas anderes erfahren möchte, doch es fällt ihr schwer, darüber zu sprechen. Mit mir, der erst vor einigen Tagen mit einem Fernsehteam in ihrem sibirischen Dorf erschienen ist und bald wieder verschwinden wird.

«Bei uns in Deutschland ist das Leben in vielerlei Hinsicht leichter als hier, so scheint es mir zumindest. Du bist Lehrerin, du unterrichtest die deutsche Sprache, du bist noch hier – warum bist du nicht zurückgekehrt?»

«Deutschland ist für uns ein fremdes Land. Wir sind alle hier geboren. Meiner Meinung nach soll ein Mensch dort aufwachsen und bleiben, wo er zur Welt gekommen ist, dann fühlt er sich besser als in der Fremde. Auch wenn es dort viel leichter und bequemer ist.»

Sie klingt streng. Nachdem Gorbatschow die Grenzen für Deutschstämmige geöffnet hat, sind aus ihrem Dorf fast alle ausgewandert. Früher wohnten hier vier Prozent Russen und sechsundneunzig Prozent Deutsch-Sibirer, innerhalb weniger Jahre hat sich dieses Verhältnis exakt umgekehrt: Jetzt zählt man nur noch vier Prozent Deutsch-Sibirer. Das ist keine Ausnahme, in den anderen Dörfern sieht es ähnlich aus.

Ein älteres Ehepaar ist aber schon zurückgekommen: Tante Erna und ihr Mann lebten eine Zeitlang in Singen am Bodensee, jetzt wohnen sie wieder in ihrem alten Haus. Es sieht aus, als sei es eben frisch renoviert worden, die Mauern sind weiß getüncht, grüngestrichene Steine verzieren die Ecken. Auch die Tür und der Holzvorraum sind grün gestrichen, um den Vorgarten steht ein blauer Holzzaun.

«Warum seid ihr denn wieder hier? Hat es euch in Deutschland nicht gefallen?», frage ich Tante Erna.

«Das Klima habe ich nicht vertragen. Ich musste ständig husten, die Luft ist schlecht, die vielen Autos, die Stadt, das war ich nicht gewohnt. Ich wurde krank. Und ich habe das hier vermisst», antwortet sie und zeigt auf die Landschaft.

Tante Erna ist zufrieden. Sie kann wieder in ihrem Garten arbeiten und hustet nicht mehr, dank der guten sibirischen Luft. Was sie sonst noch in Deutschland erlebt und was sie außerdem zur Rückkehr bewegt hat, erfahren wir nicht.

Vor über zweihundert Jahren lockte Zarin Katharina II., genannt «die Große», Tausende deutsche Bauern nach Russland. Sie versprach ihnen Land, Religionsfreiheit und weitere Privilegien. Was die Auswanderer aus den verschiedenen Regionen in Deutschland erwartete, war aber nicht der Garten Eden, sondern eine wilde Steppe. Sie mussten sehr hart arbeiten, um sie urbar zu machen und die ersten Winter zu überstehen. Etliche von ihnen starben, doch nach und nach entstanden viele deutsche Enklaven.

Jelisawetas Vorfahren waren norddeutsche Mennoniten. Sie ließen sich zuerst in der Ukraine nieder, und als es dort vor hundert Jahren zu eng wurde, zogen sie nach Ostsibirien und begannen alles von vorne. Paradiesisch wurde ihr bäuerliches Leben aber weiterhin nicht: Hier war der Boden noch karger und der Sommer noch kürzer als in der Ukraine.

Und friedlich blieb es auch nicht lange. Im Ersten Weltkrieg galten die Deutschstämmigen als «innerer Feind», nach der Revolution hatten sie zwar zeitweise eine eigene Sowjetrepublik an der Wolga, litten aber wie die anderen Völker der Sowjetunion unter Bürgerkrieg, Zwangskollektivierung und Deportationen. Seit 1933 und vor allem mit dem deutschen Überfall auf die Sowjetunion ließ Stalin Deutschstämmige überall im Land verfolgen und ermorden. Man machte sie für die Kriegsverbrechen der Nazis verantwortlich, verbot ihnen, Deutsch oder Plautdietsch zu sprechen, auch ihre Religion durften sie nicht mehr ausüben. Ganze deutsche Dörfer wurden dem Erdboden gleichgemacht und ihre Bewohner umgesiedelt. Trotz dieser vielen Entwurzelungen haben es die Mennoniten auch in Sibirien geschafft, ihre Kultur zu bewahren.

Das heutige Deutschland ist sehr weit weg. Aber es ist nähergerückt: Die Deutsch-Sibirer, die sich entschieden haben, hierzubleiben, sind gut informiert und oft schon in die alte Heimat gereist. Jelisaweta hat dort ihre Schwester besucht.

«Ich habe mir alles genau angeschaut, es hat mir gut gefallen. Ich fand es sehr schön. Und weißt du was, Yared? Als ich die Heimatgegend meiner Vorfahren sah, fühlte ich mich auf einmal nicht mehr fremd. Mir kam vieles bekannt vor.» Sie lacht. «Hier in Sibirien haben sie ähnliche Dörfer aufgebaut wie die Dörfer, die sie damals verlassen hatten. Aber den Wunsch, hier wegzuziehen, den habe ich nicht. Überhaupt nicht.»

Ihre Tochter Anja ist siebzehn und geht in die Stadt zur Schule. Das Mädchen mit den strohblonden Haaren hat vor allem russische Freunde, deutsche Jungs gibt es hier kaum noch.

«Ich bin froh, dass ich nicht in der Sowjetzeit aufgewachsen bin. Man kann jetzt hier besser leben, in einen Laden gehen, alles kaufen», erzählt sie Julia. «Aber im Dorf möchte ich nicht bleiben. Hier gibt es keine Arbeit für die Menschen, und wenn die Männer nichts zu tun haben, trinken sie. In der Stadt ist es besser, man hat dort mehr Chancen, und die Jugendlichen können auch in die Disco gehen.»

Anja möchte Kickbox-Trainerin werden. Sie spart Geld, um sich in zwei oder drei Jahren eine Reise nach Deutschland leisten zu können. Dort bleiben will sie nicht.

«Deutschland ist gut, sehr groß und sehr interessant, aber meine Heimat ist Russland. Ich will hier leben. In Russland muss man alles selber machen, das ist besser als in Deutschland. Wenn hier einer etwas will, kann er es auch erreichen. Man muss es nur wollen.»

Einen festen Freund hat Anja nicht. Ihr Traummann soll klug und stark sein, vor allem gut arbeiten können, verrät sie Julia, als die beiden zusammen für das Abendessen Kartoffeln aus dem Garten holen. Keine leichte Arbeit, man braucht viel Kraft, um die Knollen aus der trockenen sibirischen Erde zu ziehen. Anja kann das, sie hat wie alle Jugendlichen hier schon von Kindesbeinen an mitgeholfen.

«Die deutschen Jugendlichen sind ganz anders als wir. Sie haben zu viel Geld. Sie sind verwöhnt ...»

Liese, die Frau des Bürgermeisters, ist Mitte fünfzig und sieht mit ihrem geblümten Kopftuch wie eine Bäuerin aus. Sie erkennt durchaus die Vorteile eines Lebens in Deutschland an.

«Es sind die Frauen, die dorthin wollen, weil alles für sie leichter ist. Du weißt es selbst, Yared, sie brauchen nicht einmal das Geschirr abzuwaschen, sie tun es in die Maschine und schalten sie an! Aber für die Männer ist es in Deutschland schwerer.»

Ihr Mann wird in wenigen Jahren in Rente gehen. In Deutschland fände er in seinem Alter keine Arbeit.

«Er würde zu Hause sitzen. Auszuwandern, um arbeitslos zu werden, das ist doch nichts. Aber ich weiß nicht, wo es besser ist ...»

Sie scheint sich schon ein leichteres Leben zu wünschen. Wie die übrigen Dorfbewohner ist sie Selbstversorgerin, baut in ihrem großen Garten fast alles an, was die Familie braucht,

Sibirisches Ehepaar vor seinem Haus

legt Gemüse für den Winter ein. Sie hat auch Schweine, Hühner, Gänse und eine braune Steppenkuh, die Uljana heißt, weil sie am selben Tag wie Wladimir Iljitsch Uljanow Lenin geboren ist. All das bedeutet viel Arbeit. Aber mich faszinieren diese sibirischen Gärten, in denen sogar Melonen wachsen. Und Tomaten, Auberginen, Zucchini, Kürbisse, Gurken, Zwiebeln, Knoblauch, Karotten und Kartoffeln sowieso.

«Euer Garten ist doch ein Paradies», sage ich zu Liese.

Sie lacht. «Paradies ist, wenn man Obst hat. Und hier wächst kein Obst – der Sommer ist zu kurz.»

Einen Tag später entdeckt Julia sibirische Äpfel auf dem Markt. Sie sind pflaumengroß und schmecken sehr süß. Aber das Leben ist wirklich knochenhart, und für die wenigen Deutschstämmigen, die hier bleiben, ist es auch noch sehr einsam geworden, wie mir Emma beim Spazierengehen erzählt. Die kräftige Bäuerin dürfte um die achtzig Jahre alt sein und hat sich heute fein gemacht. Sie trägt einen dunkelgrauen Wollrock, eine grau-weiß gemusterte Strickjacke. Es wirkt ein wenig wie Trauerkleidung, passend zu unserem Gesprächsthema.

«In unserem Dorf wohnen nur noch vier rein deutsche Familien, und wir wären vielleicht auch gefahren», sagt sie, «aber wir haben eine russische Schwiegertochter, und sie wollte nicht weg, also sind wir geblieben. Wir bleiben, bis der Letzte von uns fährt.»

Zusammen laufen wir langsam durch hohe Gräser. Hier lag mal Schönsee, das Dorf, wo Emma geboren wurde. Es ist in den sechziger Jahren im Zuge von Chruschtschows Landreform platt gemacht worden, die Bewohner hat man umgesiedelt. Als sie mir die Stelle zeigt, wo ihr Haus früher stand, sehe ich nur einen halb zugewachsenen Schuttberg. Lediglich die Gräber hat man da gelassen.

«Mein Mann fühlt sich hier noch zu Hause, er bekommt immer Tränen in die Augen, wenn wir hier sind. Ich sage ihm, es ist jetzt eine andere Zeit, wir müssen die Dinge nehmen, so wie sie sind.»

«Man kann die Uhr wohl nicht zurückdrehen», sage ich.

«Nein, man kann es nicht. Man möchte es gern, aber das geht nicht. Es war eine schöne Zeit damals, wir waren jung und gesund, wir hatten Kinder, die Freude ins Haus brachten. Jetzt sind wir alt, und alles tut weh. Aber wenn sich etwas ändert, kann ich mich darauf einstellen.»

Einer, der Veränderungen nicht schätzt und nicht viel von Deutschland hält, ist David, ein schlanker Vierzigjähriger, der allein mit seinen zehn Kindern lebt. Vor drei Jahren ist seine Frau bei der Geburt der kleinen Irina gestorben, seine älteste Tochter Anna musste die Mutterrolle übernehmen. Jetzt ist sie neunzehn, arbeitet in einer Kolchose und führt den Haushalt der Familie. Sie kocht, wäscht, kümmert sich um Garten und Tiere. Ihre Geschwister helfen mit, sonst würde sie es gar nicht schaffen. Anna war einmal in Deutschland auf Verwandtenbesuch. Auch sie sagt, dass Sibirien ihre Heimat ist und sie nicht woanders leben möchte. Ihr Vater will auch auf keinen Fall umsiedeln.

«Ich bin hier groß geworden. Mit den Kindern hat man es leichter, sie sind frei und können überall hingehen. In Deutschland haben die Kinder Probleme in der Schule, es ist nicht gut, was sie alles mitmachen müssen. Die Klassenfahrten, da ist viel Sünde dabei, das brauchen wir hier nicht.»

Bei ihm wird vor dem Essen im Stehen gebetet und nur plautdietsch gesprochen – das muss sein, wegen der deutschen Verwandten, die kein Russisch können. Trotz der vielen Kinder läuft es ruhig ab, keiner schreit oder rauft mit den Geschwistern. Von den zehn sind nur acht da.

«Zwei verbringen zurzeit die Ferien in Deutschland», erklärt David.

Erstaunlich, dass er sie fahren lässt. Und was geschieht, wenn es ihnen dort so sehr gefällt, dass sie bleiben möchten? Wie wäre das für ihn? Sein Gesicht spricht Bände: Er will das nicht. Er fürchtet, dass sie dort unter die Räder kämen.

«Ich müsste es hinnehmen, wenn es geschieht», sagt er zögernd. «Aber in Deutschland finden die Kinder keine Lehrstellen ... Bei uns gibt es auch nicht Arbeit für alle. Meine Älteste macht eine Lehre, was danach kommt, wissen wir nicht. Die Zukunft sieht nicht gut für die Kinder aus. Jedoch wir hoffen auf Gott, und wir haben keine Angst. So wie Gott mich führt, werde ich es annehmen.»

Zum Abschied sind wir bei Jelisaweta zum Frühstück eingeladen. Sie hat alles schön hergerichtet, es gibt selbstgebackenes Brot und selbstgemachte Butter, Marmelade, Eier, Tee, Kaffee – alles, was das Herz begehrt. Auf dem Tisch sehe ich einen Autoschlüssel mit einem Knopf. Ich wundere mich über den Knopf, nehme den Schlüssel und drücke darauf. Plötzlich springt draußen der Motor eines Autos an, ich verstehe nicht, was los ist. Jelisaweta und Anja lachen sich kaputt.

«Aber Yared, das kennst du nicht? Was seid ihr für Hinterwäldler in Deutschland! Wenn es im Winter sehr kalt ist, drückst du darauf, so wird das Auto schön warm, bevor du einsteigst ...»

Das muss man sich vorstellen: Sie haben draußen einen kleinen Stall mit Schweinen, eine Kuh, die tagsüber auf der Steppe grast, im Garten ein Plumpsklo – und dazu dieses Technikwunder!

NOCH WEITER WEG

Nach China fliege ich allein, das Team ist schon zur Vorbereitung dort. Neben mir im Flugzeug sitzt ein Däne, der sich vorstellt und mir bald seine Geschichte erzählt: Im Internet hat er eine Chinesin kennengelernt, mit ihr zwei Monate lang gemailt und gechattet. Jetzt ist er so verliebt, dass er sie nach Dänemark holen und heiraten will. Er ist Mitte vierzig, sieht gut aus und strahlt vor Freude, wenn er von seiner Braut spricht. Am Flughafen in Peking essen wir noch zusammen: Das Essen ist total lecker, frisch, gut gewürzt und schön scharf. Dann fliegt er nach Norden und ich nach Shanghai.

Am Ausgang hält ein großer, kräftiger Chinese – größer als ich – ein Schild mit meinem Namen hoch. «Dibaba, das bin ich», sage ich ihm auf Englisch, doch er spricht kein Wort Englisch und lacht über mich, als ich versuche, ihn auf Chinesisch zu grüßen. Er verstaut mein Gepäck in seinem japanischen Auto. Als ich einsteige, sehe ich auf dem Armaturenbrett eine rechteckige Tupperdose voll mit Wasser, in dem zwei Schildkröten schwimmen. Ob es sie zum Abendessen gibt? Doch bei der nächsten Fahrt sind sie noch da – er hat sie immer dabei, als Glücksbringer.

Meine ersten Berührungen mit den Chinesen sind so positiv, dass sie den ganzen Aufenthalt prägen. Über die politische Situation konnte man aber nur dann etwas Näheres erfahren, wenn man abseits der Kameras nachfragte. Wie angespannt die Lage war, merkten wir im Hotelzimmer: Berichteten ausländische Medien wie die BBC oder CNN über den Konflikt in Tibet, wurde auf einmal das Bild schwarz. Nach dem Beitrag lief das Programm dann normal weiter. Auch bestimmte Internetseiten waren gesperrt.

In Shanghai lerne ich Ingrid kennen, eine mutige Hamburgerin, die nach fast dreißig Jahren als Grundschullehrerin Lust auf Abenteuer bekam. Sie war schon über fünfzig, als sie bei den Behörden nachfragte, welche Möglichkeiten es für sie gäbe. Man schlug ihr vor, für ein Jahr nach China zu gehen und an der Datong High School Deutsch zu unterrichten.

«Ich hatte schon Bammel herzukommen», erzählt sie, «aber mein Mann sagte, das machst du, und ich komme mit. Er war eben Rentner geworden, er hatte ja Zeit.»

In Shanghai gefällt es Ingrid so gut, dass sie länger bleiben möchte. Mit der chinesischen Küche hat sie sich angefreundet, mit den hiesigen Sitten hat sie ihre Not, erklärt sie mir beim Essen in der Lehrerkantine.

«Es ist schon sehr anders hier als bei uns. Du darfst dich beim Essen niemals ausschnäuzen. Das gilt als unhygienisch. Aber spucken, das darf man …»

«Und das tust du dann auch?», necke ich sie.

«Ich doch nicht! Aber die Leute hier. Pass auf, wenn du Geflügel isst, sind meistens auch in den kleinen Stücken Knochen drin. Die Chinesen sind echte Zungenkünstler, sie lösen mit der Zunge das Fleisch aus und spucken den Knochen auf den Tisch. In einem chinesischen Restaurant sieht der Tisch nach dem Essen wie ein Schlachtfeld aus.»

«Wirklich? Aber in eurer Kantine ist alles blitzblank sauber.»

«Wenn sie mit Europäern zusammensitzen, benehmen sie sich eher europäisch. Aber untereinander wird gespuckt, geschmatzt und gerülpst. Sogar bei mir im Unterricht rülpst manchmal ein Student richtig laut, und keiner findet etwas dabei!»

«Man muss sich doch an die Sitten der Länder anpassen», meine ich. «Wollen wir jetzt auch mal rülpsen?»

Ingrid schaut mich entsetzt an. Doch als sie merkt, dass ich sie wieder auf den Arm nehme, erlaubt sie mir, meine Tomatensuppe mit Ei laut schlürfend zu essen. Was ich gern tue.

Nach dem Essen gehen wir in einen Park spazieren, der sich unweit von ihrer Wohnung befindet. Außer uns sind nur Chinesen da. Einige machen Tai-Chi-Übungen, andere führen mit roten Fächern eine anmutige Choreographie auf, wieder andere turnen auf Geräten herum. Jemand hat einen Kassettenrekorder mitgebracht, und viele tanzen.

«Wollen wir auch?», frage ich Ingrid, die sofort einverstanden ist.

«Keiner geniert sich, das Leben spielt sich draußen ab», erklärt sie mir beim Tanzen. «Jetzt am Nachmittag sind nur Ältere da, aber morgens siehst du auch viele Junge, die sich vor der Arbeit bewegen, jeder auf seine Art. Das ist gut zum Wachwerden.»

Als das Stück zu Ende ist, mache ich Pause und schaue mich um. Ingrid hat ihre Zurückhaltung abgelegt und tanzt auch ganz ungeniert allein weiter. Eine Chinesin lächelt mich selbstbewusst an, ihr Blick ist deutlich: Sie möchte mit mir tanzen! «Aber gern», wie sagt man das auf Chinesisch? Am besten mit Augen und Händen.

Fast alle Plattschnacker, die ich auf dieser Reise treffe, sind zum Arbeiten nach China gekommen. Die Jüngeren unter ihnen gehören zur sogenannten Generation Praktikum, wie die dreiundzwanzigjährige Anna aus Osnabrück, die seit einigen Monaten mit ihrem Freund in Peking lebt. In einem Viertel, in dem nur Chinesen wohnen.

«Ich habe in Bochum Wirtschaft und Politik Ostasiens studiert, hatte Chinesisch als Fremdsprache. Dann wollte ich unbedingt hierher», erzählt sie mir. «Ich habe ein Praktikum bei der Heinrich-Böll-Stiftung gemacht und werde bald in einer deutschen Firma arbeiten. Wir möchten bis zu den Olympischen

Shanghai: Tanzen im Park

Spielen bleiben, vielleicht noch ein bisschen länger. Aber nicht für immer.»

«Hast du Sehnsucht nach Zuhause?», frage ich sie.

«Manchmal schon. Wenn nichts klappt, wenn die Leute nicht nett sind, wenn sie nicht verstehen, was ich sage … Aber sonst finde ich das sehr spannend; es ist eine Erfahrung, die ich nicht missen möchte. Ein Jahr in China bringt einem bei, über den Tellerrand zu schauen.»

Sie vermisst auch die Natur. Kein Wunder: In Peking stecken tagtäglich drei Millionen Autos im Stau, an die fünfzehn Millionen Menschen sind mit Bussen, U-Bahn oder mit dem Fahrrad unterwegs. Abgase und Industrie verpesten die Luft. Als Folge des schnellen Wachstums liegt Smog über allen chinesischen Großstädten, aber das Land ist eine Goldgrube für ausländische Investoren.

Annas Wohnung ist eine typisch chinesische Wohnung, die wie eine Studentenbude wirkt. Sie fühlt sich wohl dort, möchte nicht wie andere Deutsche nur unter Ausländern wohnen. Ich bekomme einen chinesischen Blütentee serviert, dazu deutsches Brot und einen deutschen Schinken.

«Wir haben Glück. Der deutsche Bäcker ist bei uns in der Nähe, der deutsche Metzger auch. Wenn ich Hunger auf Brot oder Schinken habe, gehe ich hin. Er hat die beste Wurst der ganzen Stadt.»

Sein Schinken schmeckt tatsächlich spitze, das deutsche Brot auch. Während ich esse, erzählt mir Anna die Geschichte des Metzgers:

«Er war Militärattaché der DDR in Peking. Nach der Wiedervereinigung hatte er keinen Job mehr, aber er wollte unbedingt hier bleiben. Also ist er erst mal nach Deutschland zurück, hat sich dort als Metzger ausbilden lassen und danach hier einen Laden eröffnet. Und mittlerweile besitzt er neben seiner Metzgerei auch noch drei Restaurants!»

«In denen man vermutlich deutsche Spezialitäten essen kann», ergänze ich. «Sag mal, Anna, es sind sehr viele deutsche Praktikanten hier, habt ihr Kontakt untereinander?»

«Man lernt sich schon kennen. Aber manche interessieren sich überhaupt nicht für die chinesische Kultur und sind nur hier, weil sie es cool finden, wenn in ihrem Lebenslauf ein Jahr oder ein halbes Jahr China-Aufenthalt steht. Mit ihnen treffe ich mich nicht gern.»

Wenn du hier ankommst, musst du deinen ersten Chinesen kennenlernen. Kennst du einen, kennst du alle, dann helfen sie dir auch», erklärt mir Gerda, die in Shanghai in einer Werbeagentur arbeitet.

Die symphatische Vierzigjährige mit den kurzen dunklen Haaren stammt aus Ostfriesland und ist Ende 2005 mit ihrem

Mann für einige Jahre hierher gezogen. Sie lernt fleißig die Landessprache und setzt sich intensiv mit der chinesischen Kultur und Mentalität auseinander. Ihr Wissen gibt sie an deutsche Kunden weiter, die in den chinesischen Markt einsteigen wollen, und ebenso an Chinesen, die im Westen Geschäfte machen möchten.

«Also hier brauchst du einen ersten Kontakt, dann regelt sich alles?»

«So ist das. Sie sind sehr gut untereinander vernetzt, besser und dichter als wir.»

«Was gibt es noch für Unterschiede zwischen Deutschen und Chinesen?»

«Zum Beispiel gehen die Chinesen mit Problemen anders um als wir. Sie versuchen erst, sie zu umgehen, oder warten ab, ob sich das Problem von allein löst. Wenn das nicht funktioniert, setzen sie ihre Beziehungen ein.»

Familienbindungen sind hier sehr stark. Kinder helfen ihren Eltern, die eine zu kleine Rente oder gar keine bekommen, und umgekehrt achten die Eltern wie in alten Zeiten darauf, dass die Kinder eine «gute Partie» machen. Wie diese manchmal zustande kommt, zeigt mir Gerda in einem Park, wo eine Art Heiratsmarkt stattfindet.

«Die Eltern tragen einen großen Zettel bei sich, auf dem alles steht, was man wissen muss: Wie alt der oder die Heiratswillige ist, wie groß, auch die Ausbildung und der Verdienst. In diesem Park unterhalten sie sich mit anderen Eltern und versuchen, für Sohnemann oder Töchterchen den richtigen Partner zu finden.»

«Was sagen denn die Kinder dazu?»

«Die sind froh. Sie arbeiten den ganzen Tag, haben gar keine Gelegenheit, jemanden kennenzulernen …»

An den Bäumen hängen weitere Zettel mit den Beschreibungen von Frauen und Männern, die den Partner fürs Leben finden möchten. Ein älterer Mann schaut sehr glücklich aus. Ich bitte Gerda, ihn zu fragen, ob er erfolgreich war. Das scheint der Fall zu sein, denn er schüttelt mir lange die Hand und lacht mich dabei herzlich an. Einige Meter weiter treffen wir eine junge Frau und einen jungen Mann, die beide Englisch sprechen. Der Mann erklärt, sie würden nur für ihre Freunde Partner suchen. Er zeigt mir sein Heft, wo er mehrere Seiten mit Telefonnummern gefüllt hat.

«Wenn ich Zeit habe, werde ich diese Frauen anrufen und mich mit ihnen treffen», sagt er.

Mir scheint, beide sind Heiratskandidaten, die in Wirklichkeit für sich selber suchen. Die Frau macht auf mich einen symphatischen Eindruck, aber der Mann verlor bereits nach einem Blick auf die Karteikarte mit ihrem Profil das Interesse.

Gastronomisches Intermezzo

Gastronomisches Intermezzo

Anna führt mich zum Nachtmarkt, einem absoluten Muss für Touristen. Dort stehen unendlich lange Reihen von Fressbuden nebeneinander wie auf dem Rummelplatz, und überall hängen kleine rote Laternen. Es riecht nach Frittierfett, duftet auch nach Gewürzen. Die Esskultur aller chinesischen Provinzen breitet sich hier aus, und Anna kennt schon die meisten Gerichte. Wir sind uns beide einig: Ekel ist anerzogen, man wird nicht damit geboren, als Kind ist man für alles offen.

Und wie die Kinder bleiben wir vor einem Stand mit wundersamen Spießchen stehen. Und was für welche! Hier gibt es Skorpion, Seidenraupen, Seeigel, Seestern, Seepilz, Käfer und Grashüpfer im Angebot, alles kross gebraten. Die Chinesen um uns herum staunen über diese zwei «Langnasen», wie sie die Ausländer nennen, die offensichtlich alles testen möchten. Bei der Seidenraupe verziehen wir beide den Mund. Das ist schon sehr speziell, und Anna wünscht sich einen Schnaps. Seepilz schmeckt wie Gummi, Skorpion ist ein wenig trocken, der Grashüpfer lecker.

Heiko, ein dynamischer siebenundzwanzigjähriger Ostfriese, lädt mich in ein echtes chinesisches Restaurant ein. Um einen großen Tisch herum sind bereits seine einheimischen Mitarbeiter versammelt, die zweimal im Monat seine Gäste sind – eine Teambuilding-Maßnahme. Auf dem Tisch ist eine Drehscheibe aus Glas montiert. Darauf stehen unzählige Schalen mit leckeren Sachen; sobald eine leer wird, bringt die Bedienung eine volle. Nicht alles sieht aus, als müsste ich davon kosten.

«Sind das Pansen?», frage ich Heiko.

«Genau, Schweinemagen. Und das ist Eichhörnchenfisch», erklärt er mir.

Es ist orangefarben und sehr lecker, davon habe ich schon probiert. Dieser Fisch soll eine der Lieblingsspeisen der Ausländer sein, weil er fast grätenfrei ist und süßsauer schmeckt. Das grüne «Tigeressen» kenne ich auch, es ist so scharf, dass es einem die Tränen in die Augen treibt.

Mir gegenüber knabbert ein Verkäufer genüsslich an einem weißlichen Hühnerfuß; ob er die Knöchelchen danach ausspuckt, sehe ich nicht. Ich koste lieber von der Qualle in Essig, die ähnlich wie Austern schmeckt: nach Salzwasser. Dann vom Eselfleisch, das mitten auf dem Tisch gebrutzelt wird. Das schmeckt wirklich hervorragend, ist wunderbar gewürzt und schön zubereitet. Ach ja, Gemüse gibt es selbstverständlich auch. Und grünen Tee.

Schon Wochen vor unserer Reise hatte mir unser Regisseur schöne Grüße aus Peking ausgerichtet, von einem Deutschen, der dort lebte und auch ganz dort bleiben möchte.

«Er heißt Sascha und sagt, er kennt dich von früher», erklärte er.

Ich kramte in meinem Gedächtnis, doch mir fiel nicht ein, um wen es sich handeln könnte. Als Sascha jedoch vor mir steht, erinnere ich mich sofort an ihn. Klar, wir hatten in Bremen eine gemeinsame Freundin; er wohnte damals in einer Wohngemeinschaft, in der ich manchmal zu Gast war, arbeitete als Vertreter für medizinische Geräte. Für mich war er jemand, der einen soliden, geraden Weg geht. Ich dachte, irgendwann macht er einen Laden auf und wird damit reich. Nie hätte ich vermutet, dass er eines Tages alles hinter sich lassen und ungewöhnliche Bahnen einschlagen würde.

«Ich war aus vielen Gründen runter mit den Nerven, wollte einfach weg und habe mir eine Fahrkarte von Bremen-Vegesack nach Peking gekauft – ohne Rückfahrkarte», berichtet Sascha. «Als ich sie im Zug der Schaffnerin vorzeigte, war sie bass erstaunt. Sie drehte sie um, schaute sie zehnmal an und wollte nicht glauben, dass sie echt war. Dann zeigte sie sie noch ihren Kollegen. Auch die hatten noch nie so etwas gesehen und noch nie einen Reisenden getroffen, der nach Peking über die transsibirische Strecke fahren wollte.»

«Wo wolltest du denn überhaupt hin?»

«Ich hatte nichts Bestimmtes vor. Ich fuhr mit tausend Mark in der Tasche los, ein wenig nach dem Motto ‹Der Weg ist das Ziel›. Im Sommer 2000 kam ich am Hauptbahnhof in Peking an, nach ungefähr sechs Wochen war das Geld alle, dann bin ich durchs ganze Land gereist.»

«Und was hast du gemacht, um das zu finanzieren?»

«Alles Mögliche. In Mandschurien habe ich Englisch unterrichtet, in Tibet war ich Projektmanager für eine Hilfsorganisation, unterwegs habe ich auch als Gitarrist und Sänger in einer Band etwas verdient. Irgendwann bin ich zurück nach Bremen, habe Chinesisch studiert, und jetzt bin ich wieder da. Ich arbeite als Eventmanager für chinesische und internationale Firmen, oft handelt es sich um Werbung.»

Wir spazieren zusammen durch ein Viertel namens Hutong, das bedeutet: «schmale Gassen». Hier findet man das alte, traditionelle Peking, lauter kleine Backsteinhäuser, die unter Denkmalschutz stehen. Saschas Hund, der wie Tims Hund Struppi aussieht, begleitet uns.

«Chiaoze», ruft Sascha.

«Das klingt wie ‹Schnauze›, heißt er so?»

«Nein. ‹Chiaoze›, so nennt man eine Art Maultaschen hier.»

«Hund essen die Chinesen aber auch, hast du das mal probiert?»

«Ja. Nur einmal. Mir schmeckt das nicht. Ich esse lieber Hühner- oder Schweinefleisch.»

Seit zwei Jahren ist Sascha mit einer Frau aus Peking verlobt, die gerade ein französisches Bistro eröffnet hat und auf internationale Kundschaft hofft. Zu Neujahr sind die beiden mit ihrer ganzen Familie durch die Tempel gezogen, um überall Räucherstäbchen anzuzünden und mit einer Gebetstrommel Segenswünsche nach oben zu schicken.

«Oder zum lieben Gott, wenn du magst», erklärt mir Sascha im buddhistischen Lamatempel. «Das ist kein touristischer Platz, die Chinesen kommen oft zum Beten her: wenn sie heiraten möchten, vor dem Studium, nach dem Studium, wenn eine Frau schwanger wird, wenn ein Kind auf die Welt kommt, wenn jemand ein Geschäft anfangen möchte.»

«Aber während der Kulturrevolution war die Ausübung der Religion doch strengstens verboten ...»

«Ja. Es war richtig gefährlich, und die Leute beteten nur noch zu Hause. Aber jetzt ist die Lage entspannt, was das betrifft. Die Chinesen haben ihre Kultur und ihre Religion wiederentdeckt ...»

Am besten weiß Fiebko über die Geschichte des Landes Bescheid. Er ist auch am längsten hier. Der Fünfzigjährige mit der randlosen Brille kam vor zwanzig Jahren als Banker nach Shanghai und näherte sich der chinesischen Kultur von Anfang an mit großem Respekt. Er ist mit einer Hongkong-Chinesin verheiratet; sie haben Kinder, die ein englisches Internat besuchen – ob sie zur Heimat ihres Vaters überhaupt eine Beziehung haben? Er selbst hat hier offenbar tiefe Wurzeln geschlagen, ohne jedoch die eigene Identität verloren zu haben. In seinem Leben verbinden sich Kulturen harmonisch miteinander: durch einen ständigen Austausch.

Seit dem Jahr 2000 leitet Fiebko die «Imaginechina Photo Agency», die sämtliche internationalen Presseagenturen mit Bildern aus China beliefert. Im digitalen Archiv findet man mehr als dreihunderttausend Fotos zu allen möglichen Themen. Ob Sport, Lokalreportagen, Architektur, Alltag, Geschichte oder Politik: Wer sucht, der findet dort, was er braucht. Außerdem arbeitet die Agentur in allen Provinzen mit chinesischen Fotografen, die Kundenwünsche erfüllen können. So hat Fiebko einen umfassenden Überblick über die Lebenswirklichkeit im Land und ist über dessen Kultur bestens informiert.

«Nach dem Opiumkrieg 1842 wurde Shanghai teils den Engländern, teils den Franzosen unterstellt. Die Chinesen hatten hier nichts mehr zu sagen. Später kamen noch die Amerikaner, dann die Japaner, und alle hatten ihre eigenen Gesetze. Shanghai war um 1900 schon eine internationale Hafenstadt und ein Industriezentrum, eine Weltstadt», erzählt Fiebko.

In der Nazizeit flohen an die achtzehntausend Juden aus Deutschland und Mitteleuropa nach Shanghai, weil hier kein Visum benötigt wurde. Nach dem Ende des Zweiten Weltkriegs gehörte die Stadt wieder China, im Mai 1949 marschierten die Kommunisten ein, und die Volksrepublik übernahm dieses wichtigste Wirtschafts- und Handelszentrum Asiens. Viele ausländische Firmen zogen nach Hongkong um. So ging es bergab mit Shanghai. Doch Mitte der achtziger Jahre, als das Land zur Marktwirtschaft wechselte, beschloss man, dass die Stadt wieder eine internationale wirtschaftliche Hochburg werden sollte.

«Ich habe diesen Wandel miterlebt», fährt Fiebko fort. «Das Land gehört hier ja dem Staat, und dieser fing an, die Bewohner an den Stadtrand umzusiedeln, um die alten Viertel abzureißen. Man brauchte Platz für den Fortschritt. Die Grundstücke wurden verkauft, Architekten aus aller Welt errichteten darauf neue Gebäude. Das Stadtbild hat sich in einem rasenden Tempo modernisiert.»

Mit ihren riesigen Wolkenkratzern und ihren spiralförmigen Autobahnen ist die Stadt zur futuristischen Landschaft geworden, in der die wichtigsten internationalen Firmen wieder ihren Sitz haben. Sie hat ihre wirtschaftliche Bedeutung tatsächlich zurückgewonnen.

«Jeder will jetzt mit den Chinesen Geschäfte machen und baut hier eine Niederlassung, eine neue Fabrik. Gigantische große Gewerbegebiete sind entstanden, es wird ständig weiter gebaut, die Bevölkerung wächst und wächst. Insgesamt gibt es jetzt 1,3 Milliarden Chinesen. Die Zahl sagt einem wenig, aber vielleicht kannst du sie dir mit einem Beispiel besser vorstellen, Yared. Du weißt doch, dass man hier grünen Tee ohne Zucker trinkt. Wenn morgen jeder einzelne Chinese anfinge, auch nur einen Würfel Zucker in seinen Tee zu rühren, dann bräche bald weltweit die Zuckerwirtschaft zusammen ...»

Jürgen, den ich auf seiner Baustelle treffe, lebt seit 2001 in China. Erst war der Enddreißiger in Shanghai, jetzt arbeitet er in Dahlian am Bau einer der größten Mikrochipfabriken der Welt mit einem Gesamtetat von etwa zweieinhalb Milliarden US-Dollar. Jürgen ist Bauleiter für die technische Gebäudeausrüstung einer der Produktionshallen. Wir tragen beide Helme und Sicherheitswes-

Mit Gerda in einer Einkaufsstraße für traditionelles chinesisches Essen in Shanghai – große Auswahl an Fischen, Fröschen und Schlangen

ten mit großen neongrünen Flächen, als wir in einem vergitterten Aufzug in den fünften Stock fahren, um einen Blick auf die riesige Baustelle der Stuttgarter Firma mw-zander zu werfen.

«Ich habe ein halbes Jahr in Finnland gearbeitet, mein Chef hat mich gefragt, ob ich für drei Jahre nach China möchte. Ich sagte, klar, mach ich. Jetzt bin ich immer noch hier.»

Außer Jürgen sind nur zwei andere Deutsche für die Stuttgarter Firma tätig.

«Wir sind multikulti. Der Rest kommt aus China, Indien, Malaysia, aus den Philippinen, Südafrika, Australien, England, Schottland und aus den USA. Die Arbeiter sind Chinesen, es sind Wanderarbeiter. Wenn das Projekt hier fertig ist, werden ihre Dörfer abgebaut, und sie ziehen weiter. Viele kommen vom Land und wollen nur Geld verdienen, um später zurückzukehren und ein Geschäft aufzumachen.»

Sie verdienen umgerechnet zwischen hundertfünfzig und zweihundert Euro monatlich, davon bekommen sie an die dreißig Euro Taschengeld ausbezahlt. Die Kosten für das Kantinenessen und für ein Bett in einer Baubaracke werden abgezogen, die Lohntüte mit dem Rest erhalten sie einmal jährlich beim Frühlingsfest. Bis sie genug verdient haben, um sich zu Hause etwas aufzubauen, kann es zehn, fünfzehn Jahre dauern. Man schätzt, dass rund zweihundert Millionen Chinesen weit weg von ihren Familien auf Montage leben und mit den Baustellen durch das Land wandern.

Weniger als zwei Jahre braucht es noch, um die Fabrik fertigzustellen. Dann wird auch Jürgen weiterwandern. Er hofft, dass der Bauboom in der Gegend lange hält, weil er mit einer Chinesin verlobt ist und hier bleiben möchte. Aber binationale Ehen werden nicht gern gesehen. Von den Langnasen grenzen sich viele Chinesen ab.

Sein Glück mit einer chinesischen Ehefrau hat Martin schon vor vielen Jahren gefunden.

«Stimmt es, dass du den Jazz nach Peking gebracht hast?», frage ich ihn.

Der Fünfzigjährige mit den wuscheligen Haaren ist Kulturattaché der Deutschen Botschaft in Peking. Als wir ihn kurz vor den Olympischen Spielen besuchen, koordiniert er die Botschaftsaktivitäten zu dieser Großveranstaltung. Wenn er Zeit hat, spielt er zu Hause Kontrabass, manchmal auch in einem chinesischen Jazzclub.

«Ganz so stimmt es nicht. Als ich 1987 zum ersten Mal herkam, war Jazz nahezu unbekannt. Ich suchte nach Leuten, mit denen ich spielen konnte, und gab eine Annonce auf. Es meldeten sich Chinesen, Engländer, Amerikaner. Zusammen haben wir ein bisschen die Szene aufgebaut ...»

Er lernte seine Frau kennen, heiratete und wurde vom Auswärtigen Amt weiter auf Posten in Europa, Afrika und Amerika geschickt. Fünfzehn Jahre lang war er mit seiner Familie unterwegs, hat auch in Berlin gelebt. Nach China kam er immer wieder zu Besuch, seit zwei Jahren arbeitet er wieder hier und findet es erstaunlich, wie sich das Land in der kurzen Zeit sozial, wirtschaftlich und kulturell verändert hat. Wie sehr er sich über diese Entwicklung freut, merkt man an seinen Augen, die besonders glänzen, wenn er davon erzählt.

Ob er sich hier ganz niederlassen möchte, brauche ich ihn nicht zu fragen. Es ist nicht seine Entscheidung, sondern die seines Arbeitgebers. Diplomaten bleiben selten viele Jahre an einem Ort, früher oder später treten sie einen Posten in einem anderen Land an. Bald wird Martin also mit seiner Familie weiterziehen.

Martins Söhne sind mit ihren zwölf und vierzehn Jahren schon richtige Weltbürger, die Englisch, Deutsch und Chinesisch sprechen und überall zurechtkommen. Wir begleiten sie zum Fußballplatz. Die beiden sind in ihrer Mannschaft die Einzigen, die einen Migrationshintergrund haben. Außerdem besuchen alle anderen Kinder eine besondere Sportförderschule.

«Für chinesische Eltern gibt es nichts Wichtigeres als die Ausbildung ihrer Kinder, dafür ist ihnen kein Opfer zu groß. Die Eltern dieser Kinder hoffen, dass sie Profis werden.»

«Profifußballspieler?»

«Ja. Fußball hatte früher hier keine Tradition, aber seit der Weltmeisterschaft ist er groß im Kommen. Es gibt in China eine Fußballmanie, das ist für Deutschland sehr gut. Unser Land hatte immer ein besonderes Image, es war das Land von Goethe und Schiller, das von Mercedes und BMW. Jetzt ist es auch das Land von Klinsmann, Rummenigge und Beckenbauer geworden.»

«Aber bei der WM sind die Chinesen gleich ausgeschieden ...»

«Und dann waren sie alle für Deutschland. Mit einem Schlag hatten wir eine Milliarde Fans gewonnen!»

Am Abend führt mich Martin zu seiner Stammkneipe, einem der drei oder vier guten Jazzclubs, die es jetzt in Peking gibt. Die Musiker kennen ihn, bitten ihn oft auf die Bühne. Ich möchte ihn gern hören.

«Einverstanden, Yared. Aber nur, wenn du dazu singst ...»

Wir einigen uns auf «Autumn Leaves» oder «Les feuilles mortes». Das ist eines meiner Lieblingslieder, auch eines der ersten, das ich vor vielen Jahren im Gesangsunterricht lernte. Ich hatte die Melodie schon vorher von einem Straßensaxophonisten in Bremen gehört, sie ist von dem ungarischen Komponisten Joseph Kosma. Und das Lied ist so gut, dass fast alle großen Jazz-Interpreten es gespielt haben. Der Text stammt vom französischen Dichter Jacques Prévert; Yves Montand hat ihn 1950 als Erster gesungen. Mit der chinesischen Combo und dem deutschen Kontrabassisten singe ich ebenfalls die französische Version. Eine schöne internationale Mischung!

VON EWIGGESTRIGEN

«Was? Ihr fliegt nach Chile? Weißt du denn nicht, dass sich dorthin lauter alte Nazis abgesetzt haben?», fragt ein Freund. Natürlich war mir das bekannt. Und bin gespannt, was mich erwartet.

Chile ist schon seit dem 16. Jahrhundert ein Einwanderungsziel für Deutsche, Mitte des 19. Jahrhunderts gingen bei der großen Auswanderungswelle viele dorthin. Die Deutschen haben sich hier eine solide Infrastruktur aufgebaut mit deutschen Schulen, Krankenhäusern und anderen Institutionen. Circa zwanzigtausend von ihnen sollen im Alltag noch Deutsch oder Platt sprechen.

Als wir in Santiago de Chile ankommen, bin ich guter Dinge. Wir fahren durch eine wunderschöne Landschaft am Fuß der Anden fast tausend Kilometer weit nach Süden bis zum Osorno-Vulkan. In seiner Nähe gibt es Wasserfälle und Stromschnellen, auf dem längst erloschenen Vulkan liegt Schnee, unten ist es bullenheiß. Eine Straße führt uns bis auf eintausenddreihundert Meter Höhe zu einem kleinen Touristenrestaurant. Von dort aus hat man einen herrlichen Blick auf den Vulkan und die Küstenlandschaft – der Pazifische Ozean ist nicht weit.

«Im Winter kommen wir zum Skifahren her», erzählt mir Gesine auf Platt. «Wir gehen auch gern in dieser Gegend wandern. In den Flüssen kann man gut angeln. Im Grunde leben wir jetzt sehr gut und im Einklang mit der Natur.»

Vor siebenunddreißig Jahren verliebte sie sich in Helmut, einen Deutschchilenen, dessen Vorfahren vor langer Zeit ausgewandert waren. Gesine folgte ihm nach Chile und arbeitete auf seinem Bauernhof mit. Der liegt abseits von allem, und manchmal mussten sie ihre Schafe gegen Pumas verteidigen. Nach vielen schweren Jahren besitzen sie jetzt über tausend Rinder und Schafe. Wir unterhalten uns eine Weile über Landwirtschaft, ein gutes Stichwort, denn nicht allzu weit von hier befindet sich die berüchtigte Colonia Dignidad, die heute Villa Baviera heißt.

Die Kolonie ist ein landwirtschaftlicher Großbetrieb, der von einer deutschen Sekte betrieben wird und sich nach außen lange als Musterbetrieb verkaufte. Tatsächlich bildete die Kolonie über Jahrzehnte einen Staat im Staate, die Mitglieder lebten streng isoliert unter der gewalttätigen Herrschaft des Sektengründers Paul Schäfer. Mittlerweile sitzt er wegen sexuellen Missbrauchs von Kindern und Jugendlichen im Gefängnis. Zu Zeiten der Pinochet-Diktatur folterte und ermordete der chilenische Geheimdienst auf dem Gelände der Kolonie Regimegegner. Noch heute wird sie von der UNO und Amnesty International beobachtet.

Auf die Pinochet-Diktatur mag keiner der Deutsch-Chilenen, die ich treffe, wirklich eingehen. Nur einer tut es gleich im Vorgespräch, und ich bekomme dabei augenblicklich Gänsehaut.

«Unter Pinochet lebte man hier in Sicherheit. Das war gut, die Menschen benahmen sich anständig, es gab gar keine Kriminellen mehr, da herrschte Zucht und Ordnung!»

Nennen wir ihn Klaus. Als unser Team, bestehend aus fünf Leuten, bei ihm ankommt, fragt er, wer mit ihm reden wird. Unser Autor und Regisseur stellt uns einander vor.

»Ich bin Yared, und wir beide werden das Interview machen.»

Klaus schaut mich an. Er hat nicht damit gerechnet, ist dem Anschein nach nicht gerade begeistert.

«Und du schnackst Plattdeutsch? Das glaube ich nicht.» Es ist das Erste, was er zu mir sagt.

Am nächsten Tag stehen wir mit dem Team am vereinbarten Treffpunkt und warten auf Klaus. Er kommt nicht. Wir rufen ihn an, sein Handy ist ausgeschaltet. Wir fahren zu ihm nach Hause: Entweder ist er nicht da, oder er öffnet die Tür nicht. Der erste Plattschnacker, der mit meiner Person offensichtlich ein Problem hat und sich vor dem Interview versteckt.

In einem der deutschen Clubs, die wir besuchen, hängt zusammen mit anderen Fahnen die Reichskriegsflagge in der Einfahrt.

«Es ist eine traditionelle deutsche Fahne», erklärt ein Mann, der zum Vereinsvorstand gehört.

Eine Minute später fallen im Zusammenhang mit Pinochet wieder die Worte Zucht und Ordnung.

«Kann jeder bei euch Mitglied werden, der es möchte? Auch die Chilenen?», frage ich.

«Na ja. Man muss deutsch sprechen und schon deutsch sein», antwortet er.

«Ich spreche deutsch, habe einen deutschen Pass – also darf ich eintreten!»

Nach einem kurzen Zögern antwortete er: «Ja, das kannst du schon, wenn du magst.»

Als wir weitere Deutschchilenen treffen, stellen wir fest, dass nicht alle so offen und charmant zu uns sind wie Gesine und ihr Mann. Und nicht wenige haben befremdliche Ansichten über das Land, in dem sie leben, und die anderen Chilenen.

«Ich spreche gar kein Spanisch», erzählt mir ein relativ frisch Ausgewanderter, der immerhin schon seit zehn Jahren hier lebt. «Brauche ich auch nicht. Wir Deutschen bleiben untereinander. Mit den Chilenen wollen wir gar nichts zu tun haben. Also mit den meisten. Es gibt ein paar bessergestellte Leute, die sind schon in Ordnung ...»

Der Mann lebt offensichtlich in einer Parallelgesellschaft – und kann froh sein, dass es in Chile keinen Einbürgerungstest gibt.

Am letzten Drehtag setzen wir uns in Valparaiso in ein Restaurant, das aussieht wie eine urige Hamburger Kneipe. Es könnte in Sankt Pauli liegen, ist mit lauter Schiffsantiquitäten, Fischernetzen, kleinen Schiffchen, Matrosenhemden und jeder Menge Fahnen dekoriert. Ich bestelle mir Bratkartoffeln und einen Strammen Max, sehe mich genauer um und denke, ich sehe nicht richtig, als ich eine Fahne vom Afrikakorps mit Palme und Hakenkreuz entdecke. Da werfe ich mein Geld auf den Tisch und verlasse wortlos das Lokal. Mir ist der Appetit gründlich vergangen.

HEIMATLIEBE GEHT DURCH DEN MAGEN

Bei mir zu Hause in Hamburg kommt alles auf den Tisch, was uns schmeckt, und das ist sehr gemischt. Deutsche Küche, portugiesische, Nudeln oder Pizza, seltener Oromo-Gerichte. Meine Frau und meine Söhne mögen sie zwar gern, ich kann sie auch kochen, nur finde ich leider selten die nötige Zeit. Deshalb essen wir sie vor allem bei meinen Eltern.

Als wir 1976 von Osnabrück nach Äthiopien zurückkehrten, genoss ich die Speisen meiner Heimat sehr. Dennoch kam es oft vor, dass mein Bruder und ich uns Schnitzel mit Pommes wünschten. Oder einen anständigen Braten mit Kartoffeln, Rotkohl und brauner Soße. Meine Mutter versuchte, die Zutaten für diese typisch deutschen Gerichte zu finden, gab aber bald auf. Schweinebraten konnte man damals nirgends kaufen; überhaupt war Schweinefleisch rar, einfach weil die meisten im Land es nicht gegessen haben.

Eines musste allerdings sein: Ein urdeutscher Kuchen zu unseren Geburtstagen! Sogar in den schwierigen Jahren, als man überall Schlange stand, schaffte es meine Mutter, sich über Beziehungen alles Nötige zu besorgen, um einen zu backen. Über einen Marmorkuchen freuten wir uns schon sehr.

Doch am allerschönsten war eine Schwarzwälder Kirschtorte mit Kirschwasser, die sie in Falkenburg backte; wahrscheinlich war es gleich im Jahr nach unserer Ankunft. Dafür stand unsere Mutter stundenlang in der Küche. Am Schluss dekorierte sie die Torte, wie es sich gehört, mit Kirschen, Schlagsahnerosetten und Schokosplittern. Mein Bruder und ich schauten ihr zu und hätten uns am liebsten gleich den Bauch vollgeschlagen, doch leider musste die Torte noch eine Nacht ruhen. Als sie dann am nächsten Tag serviert wurde, haben wir den ersten Bissen richtig zelebriert.

In Seattle begegne ich einer Frau, deren Augen beim Wort Kuchen aufleuchten. Sie ist keine Deutsche, sondern Rainers Ehefrau, eine Italienerin. Mit seinen zweiunddreißig Jahren hat Rainer schon in Japan und China gelebt und gearbeitet, jetzt ist er hier Projektleiter bei Microsoft und wohnt mit Angelina in einer schönen Wohnung. Bevor sie heiraten durften, ist er nach Süditalien geflogen, um ganz traditionell beim Brautvater um die Hand seiner Tochter anzuhalten.

Ein bisschen Italienisch kann er mittlerweile – Fremdsprachen lerne man am besten im Bett, sagt er schmunzelnd. Die beiden sprechen Englisch miteinander. Platt versteht Angelina kaum, aber «moin, moin» kann sie schon. Sie sitzt neben Rainer auf dem Sofa und hört uns zu, während wir beide platt schnacken. Seine Heimatstadt Cloppenburg kenne ich, mittendrin liegt Deutschlands ältestes Museumsdorf, das Niedersächsische Freilichtmuseum. Ich habe es einmal während einer Klassenfahrt besucht, wir konnten Teig kneten und Brot backen wie im Mittelalter, daran erinnere ich mich sehr gut.

«Du bist noch nicht sehr lange in Seattle, war es schwer für dich, hier Leute kennenzulernen?», frage ich.

«Überhaupt nicht. Es ist hier sehr international, die Menschen kommen von überall her, sind alle sehr offen. Ich ziehe gern um. In einer neuen Stadt findest du neue Freunde, neue Kneipen, das gefällt mir. Im ersten Jahr ist es, als würdest du fliegen, da bist du jeden Abend unterwegs. Ich spiele gern Jazz in einer Bigband, so lerne ich gleich gute Leute kennen.»

«Du bist auch im plattdeutschen Verein …»

«Ja. Den habe ich aber später entdeckt. Ich schnacke sehr

gern Platt, und wenn mir die Arbeit Zeit lässt, gehe ich gern hin. Da sind auch viele nette Menschen.»

«Kommt deine Frau mit?»

«Wenn es deutsches Essen gibt, ja. Nicht sehr oft.»

«Wie findest du deutsches Essen?», frage ich Angelina auf Platt.

«I like cakes», antwortet sie und strahlt. «German cakes gut!»

«Welchen denn am liebsten?»

«Black Forest. This is the best!»

Da sind wir uns schon einig. Auf Italienisch erzählt Angelina ausführlich, wie es ist, mit einem Deutschen verheiratet zu sein. Sie untermalt die schnellen Sätze mit den Händen, lacht viel dabei. Das Wort «divertante» übersetzt Rainer mit «lustig», den Rest nicht.

An ihrem Tonfall, ihrer Mimik und ihren verliebten Blicken habe ich schon verstanden, dass es jede Menge kulturelle Unterschiede gibt, aber darüber lachen die beiden offensichtlich sehr gern.

Bei der Fußballweltmeisterschaft wurde es jedoch heikel. Da hat jeder die Spiele mit den eigenen Landsleuten angeschaut. Nur beim Endspiel saßen sie wieder zusammen mit all ihren Freunden. Gastronomisch gibt es gar kein Problem.

«Angelina mag auch Sauerkraut und so Zeug», sagt Rainer.

Das Werbepotenzial guten Essens haben längst die deutschen und plattdeutschen Heimatvereine für sich entdeckt. Alle, die wir unterwegs besuchen, freuen sich auf jungen Nachwuchs. Den kann man aber kaum mit Folkloreveranstaltungen, Volkstänzen und deutschen Liedern locken. Mit deutscher Gastronomie klappt dies allerdings schon.

«Besuchen Sie unser Restaurant. Testen Sie unsere knusprige Schweinshaxe, den Biergartenteller mit Würsteln und Sa-

Mit Julia und Reimer vor der Silhouette von Sydney

lat, Kassler, Ripperl oder ein echtes Wiener Schnitzel. Wir haben u.a. DAB, Bit, Spaten, Erdinger Weizenbier etc. …», liest man beispielsweise als Erstes auf der Homepage des Concordia-Clubs in Sydney. Da läuft einem gleich das Wasser im Mund zusammen …

Als wir nach zwanzig Stunden Flug in Sydney landen, wartet Reimer auf uns. Er ist der Präsident des Vereins und fährt einen herrlichen Benz, einen 1960er Cabrio. Sein Lieblingsauto. Davon wurden insgesamt achthundert Stück gebaut und nur sechsundzwanzig wie seins, die Rechtslenker hatten – hier herrscht Linksverkehr.

«In Australien dürfte es an die dreihunderttausend Deutsche geben. Wir sind eine Minderheit. Das macht nichts. Hier sind die Nationalitäten nicht mehr so wichtig, vor allem, wenn sie sich integrieren. Dann wirst du als Australier akzeptiert, ob du in

Deutschland, Italien oder Griechenland geboren bist. Wir Deutschen sind sehr anpassungsfähig, die Holländer auch ...»

Reimer ist Geschäftsmann und Mitte sechzig. Er stammt aus Dithmarschen, ist in den fünfziger Jahren ausgewandert. Sein deutscher Verein wurde 1883 gegründet und ist einer der ältesten Australiens. Ein Besucher, der vor etlichen Jahren dort war, meinte, man fühle sich in diesem Heimatverein wie in einem Walhalla aus den sechziger Jahren, mit brauner Holztäfelung an allen Wänden und braunem, pflegeleichtem Teppichboden.

Diese Beschreibung kann man auf der Club-Homepage nachlesen – als Einleitung für die ausführliche Beschreibung des Verjüngungsprogramms: «Der Concordia-Club will ein Ort für Familien und gleichermaßen für alt und jung sein. Hier soll sich jeder willkommen fühlen, egal ob Deutscher, Österreicher, Schweizer oder Australier, ob Franzose, Italiener, Brasilianer oder Amerikaner. Ganz unabhängig von jeder Nationalität. Wir wollen multikulturell sein und trotzdem deutsche Kultur und Tradition vermitteln und pflegen. Clubatmosphäre, deutsche Gemütlichkeit, leckeres Essen.»

Ein hehrer Anspruch – aber lässt er sich auch einlösen? Das möchte ich von Reimer erfahren.

«Wie sieht es bei euch mit den jungen Mitgliedern aus? Kommen viele zu euren Veranstaltungen?»

«Wir haben insgesamt sechshundert Mitglieder, es sind auch junge dabei. Sogar im Vorstand.» Reimer räuspert sich. «Aber ich will ehrlich mit dir sein, kein einziger Heimatverein in Australien kann sich damit brüsten, viele junge Mitglieder zu haben, weder wir noch die Italiener und die anderen auch nicht.»

Das Rezept, mit dem man Jüngere herbeilocken kann, kennt wohl niemand. Als wir einige Tage später im Concordia-Club drehen, unterhalte ich mich mit dem dreizehnjährigen Lars – auf Platt. Der junge Australier hat einen deutschen Vater, eine Mutter, die von den Fidschi-Inseln stammt, und möchte selbst gern eines

Tages in Deutschland leben: weil er Skifahren mag und das Land «total cool» findet. Den Heimatverein aber nicht. Ihm sind die Leute da alle viel zu alt.

«Wie siehst du die Zukunft des deutschen Clubs?», frage ich Reimer, der sich guter Hoffnung gibt.

«Ich sehe das nicht so eng», antwortet er. «Wer sich für unsere Kultur interessiert, ist bei uns willkommen. Wir haben gute deutsche Küche, wir sind gastfreundlich, wir sind ein offenes Haus für Leute, die gern etwas Deutsches erleben wollen, es müssen keine Deutschen sein.»

«Aber dann kann es passieren, dass in zwanzig Jahren nur noch Australier da sind und kein Mensch mehr Deutsch hier spricht.»

«Nein. Das wird es nie geben. Komm, Yared, kannst du dir vorstellen, dass eine Zeit kommt, in der gar niemand mehr Platt redet?» Reimer wartet nicht auf meine Antwort und fährt fort. «Irgendwo wird immer Platt gesprochen werden, und so wird das auch in Australien mit dem Deutschen sein. Vielleicht nicht viel, vielleicht sprechen es dann nur noch ein paar wenige gebildete Menschen, aber ganz aussterben wird es nicht.»

Er klingt zuversichtlich. Ich hoffe, dass er Recht behält und die Menschen es schaffen, in den nächsten Jahrzehnten trotz zunehmender Globalisierung ihre kulturelle Identität und ihre Sprachen zu retten. Aber meine Fragen haben Reimer dennoch verunsichert.

«Das kann schon kommen, dass eines Tages keiner mehr hier Deutsch spricht. Aber ich kann mir nicht leisten, so zu denken», sagt er noch.

GELUNGENE INTEGRATION?

«Mensch, Yared, dass du Plattdeutsch sprichst, das ist der Hammer, das ist das beste Beispiel für Integration, das wünsche ich mir in Oldenburg auch! Wenn die Türken plattdeutsch schnacken, dann haben wir das endlich geschafft!», sagt mir der Ausländerbeauftragte von Oldenburg auf der Steuben-Parade in New York.

Integration ist keine Einbahnstraße, die Sprache kein Wundermittel, um sich irgendwo einzuleben. Aber sie ist ein Schlüssel, der Türen öffnet.

Wenn hierzulande viele Migrantinnen und Migranten unter sich bleiben und sich auf Deutsch nur schwer verständigen können, liegt es vielleicht auch daran, dass sie sich nicht wirklich willkommen fühlen. Denken wir an die sogenannten Gastarbeiter: Die ersten wurden um 1960 angeworben, um einen Arbeitskräftemangel auszugleichen; nach einer bestimmten Zeit sollten sie das Land wieder verlassen. Und die Arbeiter kamen ihrerseits mit der Absicht, Geld zu verdienen und später in die Heimat zurückzukehren. Sie wohnten dann in Häusern und Vierteln, in denen fast nur andere Ausländer lebten; außer am Arbeitsplatz hatten sie nur wenig Berührung mit Deutschen. Und der Staat interessierte sich in erster Linie für ihre Arbeitskraft, aber nicht für die Menschen und ihre Bedürfnisse.

Zwanzig Jahre später lebten anderthalb Millionen Türken in der Bundesrepublik – zusammen mit ihren Familien. Sie hatten ihre eigenen Läden, ihre Restaurants, ihr soziales und ökonomisches Netzwerk. Ihre Kinder besuchten die deutschen Schulen, aber darüber hinaus gab es kaum Integrationsangebote. Ging man immer noch davon aus, dass sie in die Türkei zurückkehren würden? Wer sich hier einleben wollte, musste schon sehr motiviert sein, um den Weg in die Volkshochschule zu Sprachkursen zu finden oder überhaupt einige Deutsche kennenzulernen.

In den achtziger Jahren prägten konservative Politiker den Satz: «Deutschland ist kein Einwanderungsland», obwohl die Wirklichkeit längst ganz anders aussah. Bis in unser Jahrzehnt und die Auseinandersetzungen um das Zuwanderungsgesetz hinein hat sich diese Haltung bei vielen Politikern gehalten.

Andererseits denkt man heutzutage aber auf allen politischen Etagen über Integrationsmodelle für Migrantinnen und Migranten nach. Von den Einbürgerungswilligen verlangt die Regierung, dass sie nicht nur die Sprache können, sondern auch Kenntnisse über Deutschland und sein politisches System erlangt haben. Ob gerade dieses Wissen dazu beiträgt, dass sich Menschen anderer Nationalitäten hier heimisch fühlen? Eher nein, meine ich. Viel wichtiger scheint mir der Wunsch, sich gegenseitig kennenzulernen, sich zu verstehen und zu respektieren.

Im Norden von Sydney liegt die Stadt Newcastle. Hier bin ich mit Mick, einem deutschstämmigen Australier, verabredet und erkenne ihn auf Anhieb: Er hat einen graumelierten Bart, ein blaues Friesenhemd mit weißen Streifen und eine Prinz-Heinrich-Mütze, damit sieht er aus wie ein uriger alter Seewolf in einer Hamburger Hafenkneipe. Er ist aber kein Seemann, sondern Pastor. Wir fahren die Küste entlang bis zu dem Wrack eines Handelsschiffes, das 1906 in den Hafen wollte und stattdessen auf ein Riff lief. Es wurde nach und nach an den Strand gespült, ist jetzt vollkommen verrostet. Mick kommt gern her.

«Ich bin 1946 geboren, kenne dieses Wrack also, seit ich ganz klein bin. Ich habe oft hier gespielt oder mit meinem Großvater geangelt.»

«Dein Opa war damals doch dabei, als das Schiff sank ...»

«Ja, er war auf dem Rettungsboot, das die Leute an Land brachte. Sie sind alle gerettet worden, sogar die Bordkatze. Meine Großeltern waren früher selbst mit einem Schiff hierher gekommen, meine Oma schon 1880. Ihr Vater war Seemann in Friedrichsstadt. Mein Großvater kam später. Und mein Vater noch später. Er stammt aus der Normandie.»

«Dein Vater war Franzose? Wie kommt es, dass du platt schnackst?»

«Ich habe es hier in Australien gelernt. Vielleicht habe ich einiges von meiner Großmutter aufgeschnappt, als Kind kriegst du viel mit. Dann vergisst du es, aber später kommt es zurück, wenn du es magst. Mich hat das einfach interessiert.»

Mick ist ein Sprachgenie. Er spricht fließend Englisch, Deutsch, Holländisch, Französisch, Platt, Italienisch und als Pastor auch ein wenig Lateinisch, Altgriechisch und Hebräisch. Er hat sich intensiv mit der Geschichte und den Sprachen seiner Vorfahren beschäftigt, sodass ihm Deutschland auch ein wenig Heimat geworden ist, obwohl er das Land nur ein- oder zweimal besucht hat. Für die deutsche Gemeinde hält er manchmal Sondergottesdienste auf Deutsch oder auf Platt. Als Pastor und Bibliothekar ist er sehr engagiert und offen für die Kulturen aller Menschen.

Auf diesem Kontinent fühle ich mich oft wie in einem großen Freizeitparadies, wo die Menschen surfen, segeln, wandern und überhaupt viel Sport treiben, mit ihren Freunden im Garten oder am Strand grillen und feiern.

Es verblüfft mich, dass die Australier sich nur wenig für die Kultur der Aborigines interessieren. Diese sind kaum präsent im Straßenbild und leben am Rande einer Gesellschaft, die sie lange Zeit unterdrückt hat. Ihre Kinder wurden ihnen weggenommen und von weißen Familien adoptiert, ihre heiligen Stätten rücksichtslos zerstört. Erst in den sechziger Jahren haben sie im eigenen Land das Wahlrecht erhalten; die Rassentrennung in den Schulen blieb bis in die achtziger Jahre hinein bestehen.

Bis heute hat sich die Situation der Aborigines nur allmählich gebessert. Nach wie vor gehören sie zu den Ärmsten im Land, haben eine hohe Arbeitslosenquote und eine um zwanzig Jahre niedrigere Lebenserwartung als die weißen Australier.

Die Aborigines kämpfen um ihre Rechte, um die Anerkennung ihrer Kultur, sie wollen sich dort, wo sie leben, selbst verwalten und nicht von Polizei und Militär überwacht werden. Auch verlangen sie, dass der australische Staat den Rassismus und die Gräueltaten, die in der Vergangenheit an ihnen verübt wurden, thematisiert, und sie wehren sich gegen die Zerstörung weiterer heiliger Stätten, unter denen man irgendwelche Bodenschätze vermutet.

In ihrer eigenen Heimat sind sie die Fremden. Mick und die anderen Plattschnacker, die wir in Australien besuchen, sind dagegen voll integriert.

In Nebraska entdecken wir den Wilden Westen: Männer auf Pferden mit Cowboyhüten treiben heute noch ganze Kuhherden durch die Gegend, wie man es vor hundertfünfzig Jahren gemacht hat. Auf einer solchen Rinderfarm ist Hildegard aufgewachsen.

«Der Onkel meiner Mutter kam 1892 nach Amerika, kaufte sich eine Farm, heiratete und bekam vier Kinder. Eins davon war mein Onkel Otto, dem gehörte danach die Farm. Sie haben mit zweihundert Tieren angefangen, wurden größer und größer, bis es zwölftausend Tiere auf der Farm gab. Onkel Otto flog mal nach Deutschland, trug wie immer seine Cowboy-Kluft, und die Leute fragten ihn, wo er seine Kleider gekauft habe. Er sprach Plattdeutsch mit ihnen, sie wollten nicht glauben, dass er aus Amerika kam und es dort gelernt hatte. Aber auf unserer Farm wurde früher immer nur Plattdeutsch gesprochen. Jetzt nicht mehr. Die

Drehpause bei einem Damenfriseur in Omaha/Nebraska

Kinder können nur noch ein paar Worte, aber das ist schon die vierte Generation.»

Hildegard und ich sitzen auf der Ladefläche eines Pick-up und fahren durch das Gelände. Jetzt kümmern sich die Kinder um die Farm und reiten täglich durch die Herden, um nach kranken Tieren zu schauen.

«Als sie klein waren, konnten sie besonders schöne Stiere zu Wettbewerben führen. Jedes hatte seinen Stier, kämmte ihn und war sehr stolz, wenn er einen Preis bekam. Sie haben sehr viele Blue Ribbons gesammelt.»

Wir fahren zusammen zu Johnnys Bar. Dort hängen an den Wänden Stier- und Elchköpfe mit Geweih. Jack Nicholson hat hier eine Szene für den Film «About Schmitt» gespielt. An den Tischen sitzen mehr Männer mit Cowboyhüten als in Anzügen.

«Du hast hier in den sechziger, siebziger Jahren gearbeitet, wie war es damals?», frage ich Hildegard.

«Sehr spannend. Ich war Nachtmanager, immer bis zum frühen Morgen in der Bar, und ich habe sehr viele Cowboys kennengelernt. Sie kamen aus Montana, Wyoming, Texas, aus ganz Amerika, um ihre Tiere hier in den großen Schlachthäusern zu verkaufen, das waren sehr nette Kerle. Außen eine raue Schale, aber ein gutes Herz. Und sie haben mir tolle Geschichten erzählt.»

Die Herren am Nebentisch mit ihren Cowboyhüten kennt sie gut. Es sind einige der größten Stierbesitzer aus der Gegend, aber ihren Reichtum sieht man ihnen auf den ersten Blick nicht an.

«Na ja, das ist hier anders als in Deutschland. Eigentlich umgekehrt. Wer viel Geld hat, kleidet sich einfach, wer keins hat, donnert sich auf und tut, als sei er etwas Besseres ...»

Ich gönne mir ein Porterhouse-Steak mit gebackenen Zwiebelringen und einer Kartoffel. Mehr braucht es nicht, die Portion Fleisch ist riesig. Wir haben die letzten Tage viele Rodeoszenen gedreht mit Cowboys, die vor Männlichkeit und Testosteron nur so strotzen, es war amüsant und aufregend auch.

Hildegard führt mich zu einem Reservat ganz in der Nähe. Nichts erinnert einen an die Klischeeindianer, wie ich sie aus unzähligen Filmen kenne. Ein bisschen grün, ein paar Bäume, eine Straße, eine Tankstelle und Fertigbauhäuser, die alle gleich und etwas ärmlich aussehen.

«Das gehört dem Stamm der Omaha», sagt Hildegard. «Du hast dir ein Reservat bestimmt anders vorgestellt, nicht wahr?»

«Das wirkt ziemlich trostlos hier ...»

«Ja, wir kennen die Geschichte. Die Weißen kamen, haben die Indianer verdrängt, ihnen das Land weggenommen.»

«Und wovon leben diese Menschen?»

«Vom Staat, weitgehend vom Staat, und der Staat erwartet, dass sie sich anpassen. Aber das klappt nicht wirklich. Das ist schon traurig. Sie haben für ihr Land bei weitem nicht genug

Geld bekommen, jetzt sitzen sie fest im Reservat, haben keine Arbeit. Viele trinken deswegen.»

«Ist das kein Vorurteil?»

«Nein. Sie haben nichts zu tun, also trinken sie. Das siehst du selbst, hier gibt es nichts. Keine Arbeit, nichts. Manchmal schäme ich mich, weil es mir und uns allen so gut geht und diesen armen Leuten so schlecht. Das Geld, das sie vom Staat bekommen, reicht vorne und hinten nicht. Ich weiß nicht, wie sie es schaffen.»

«Gibt es gar keine Möglichkeit, hier rauszukommen?»

«Ich weiß nicht. Sie sind schon so lange im Reservat, die Jungen leben wie die Alten, nichts ändert sich. Ich wohne unweit von hier in Omaha, kenne keinen einzigen Arzt, keinen Rechtsanwalt und keinen Ladenbesitzer, der Indianer ist. Und niemand setzt sich für sie ein. Den Amerikanern ist es egal, sie sehen nur den eigenen Wohlstand. Aber mir als Deutsche fällt es auf. Es tut weh, das zu sehen.»

Mich macht dieser Besuch im Reservat ebenfalls sehr traurig. Es liegt eine große Tristesse über dem Ort. Wie die Aborigines in Australien und die Enthlet in Paraguay sind viele indigene Völker entwurzelt und haben ihre kulturelle Identität verloren. In den USA machten die Weißen aus ihren Jagdgründen Felder und Rinderfarmen und steckten sie in Reservate, in denen ihre eigene Gesellschaft verkommt. Nachdem ihnen ihr Land weggenommen wurde, hatten sie nie die Chance, sich weiterzuentwickeln. In Europa gab es die Aufklärung, die Französische Revolution, die Industrialisierung, all das erstreckte sich über Jahrhunderte. Man hatte Zeit, sich langsam umzustellen. Veränderungen wurden den Europäern nicht von Eroberern aufgezwungen, sie kamen aus den eigenen Reihen, aus ihrer Gesellschaft. Die indigenen Völker leben in der paradoxen Situation, ihre Heimat niemals verlassen zu haben und sich dennoch integrieren zu müssen. In ein System, das die Einwanderer importiert haben.

ALLES IN BEWEGUNG ODER DIE WELT IST KLEIN

In Deutschland wird heutzutage fast alles statistisch erfasst. Über die Meldebehörden erfährt das Statistische Bundesamt, wie viele Menschen hierher ziehen und wie viele das Land verlassen. 2007 gab es an die sechshundertachtzigtausend Zuzügler und fast sechshundertvierzigtausend Fortzügler. Wer die Letzteren sind, welche Nationalität sie haben, was sie bewegt, über die Grenzen zu gehen und für wie lange, wohin sie ziehen, erfährt man aus diesen Daten nicht. Wie viele echte Auswanderer mögen darunter sein? Man schätzt, dass ihre Zahl steigt und sogar die jährliche Zahl der Auswanderer in den fünfziger Jahren überholt.

2006 packten jedenfalls über hundertfünfzigtausend deutsche Bürger die Koffer, darunter etwas mehr Männer als Frauen, und ihr Durchschnittsalter betrug circa zweiunddreißig Jahre. Wie hoch der Anteil derjenigen ist, die die Heimat für immer verlassen möchten, weiß man nicht, und ob es ihnen tatsächlich gelingt, Wurzeln im Ausland zu schlagen, genauso wenig. Ältere deutsche Auswanderer zieht es gern nach Spanien, wo es wärmer ist und sie viele Landsleute antreffen. Die Jüngeren sind nicht ganz so mutig oder abenteuerlustig wie ihre Vorfahren, ihre Lieblingsziele sind zurzeit die Nachbarländer Schweiz und Österreich sowie die USA. Einen Kulturschock dürfte es da kaum geben, auch wenig Heimweh.

Die Gesellschaft ist mobiler geworden, man reist schneller und billiger. Wenn es einem in der Fremde doch nicht gefällt, packt er erneut die Koffer und kommt zurück. Innerhalb des letzten Jahres sind über hunderttausend deutsche Bürger eingewandert – doch nicht alle werden bis zu ihrem Lebensende hier bleiben. Manche wollen wohl vor dem nächsten Auslandsaufenthalt nur etwas Heimatluft tanken.

Aus Not wandern die Deutschen nicht mehr aus. Die Bedingungen mögen hier in den letzten Jahren härter geworden sein, aber nach wie vor ist es in unserem Sozialstaat bequemer als in den meisten anderen Ländern. Was jüngere Deutsche über die Grenze treibt, sind meistens berufliche Gründe. «Auslandserfahrungen erwünscht», schreiben viele Unternehmen in ihren Stellenangeboten. Möglichkeiten gibt es mehr als genug. Für Studenten und Arbeitnehmer. Allein im europäischen Ausland sind über vierzigtausend Stellen mit einem Klick im Internet zu erreichen. Die Bundesagentur für Arbeit berät gern gutausgebildete

Zugvögel und vermittelt ihnen auf der ganzen Welt Kontakte. Viele bewerben sich auch gleich bei einer deutschen Firma, die Niederlassungen im Ausland hat.

Sie verabschieden sich erst mal nur temporär von Deutschland, sind aber oft Jahre von einem Land zum nächsten unterwegs wie Rainer aus Cloppenburg, der nach einigen Stationen in Asien jetzt mit Angelina in Seattle lebt. «Und wo wollt ihr später leben?», frage ich das binationale Paar. «Später können wir uns schon vorstellen, nach Italien oder nach Deutschland zurückzukehren, und warum nicht nach Cloppenburg, es ist schön dort», antwortete Rainer. «Aber vielleicht bleiben wir auch in den USA oder ziehen wieder nach Asien …»

Wenn die beiden Kinder bekommen, werden diese von Anfang an mit zwei oder drei Kulturen aufwachsen, wie Martins deutsch-chinesische Kinder, die schon in vielen Ländern gelebt haben. Wie meine portugiesisch-oromo-deutschen Söhne. Wird es später überhaupt einen Platz auf der Welt geben, von dem sie sagen, das ist meine Heimat?

Über das Wort Heimat denke ich immer wieder nach, überlege mir, ob in den letzten Jahren in deutschen Popliedern von Heimat die Rede war. Der Begriff ist etwas verstaubt, sie sagen lieber meine Stadt, mein Block, mein Kiez, und das Possessivpronomen «mein» drückt es deutlich aus: Sie sind mit dem eigenen Revier innigst verbunden, mit diesem Ort, wo sie leben, in die Schule gehen, arbeiten, sich mit ihren Freunden treffen und einfach abhängen, wo sie sich verlieben oder sich durchkämpfen müssen.

Das sehe ich ähnlich. Ich würde aber auch sagen, dass Oromya meine Heimat ist. Da bin ich geboren, da bin ich zu Hause. Trotzdem bin ich auch in Hamburg zu Hause, bei meiner Familie. Und in meinem Herzen trage ich noch viele andere Städte oder Landschaften, die ähnliche Gefühle hervorrufen. Oft sind es auch Situationen oder Menschen, bei denen sich plötzlich dieses ruhige, wohlige Gefühl in mir ausbreitet ... Und da fallen mir die letzten Zeilen eines älteren Songs von Grönemeyer ein. Er heißt «Heimat» und endet mit «Heimat ist kein Ort, Heimat ist ein Gefühl.»

Ein solches bekomme ich, als wir im Central Park drehen. Mitten in einem Interview entdecke ich in der Runde der Neugierigen ein Mädchen, das mir fröhlich zuwinkt. Es ist die Tochter meines Redakteurs Jürgen, sie lebt in Deutschland, wir haben uns ein- oder zweimal gesehen. Weder sie noch ich wissen, dass wir gleichzeitig in New York sind; dass wir uns in dieser Millionenstadt zur selben Zeit im riesengroßen Central Park aufhalten und da noch zufällig begegnen, grenzt an ein Wunder.

«Mensch, Hannah, was machst du denn da?», frage ich sie nach dem Interview.

«Ooch, nichts Besonderes, ich gehe ein bisschen spazieren», antwortet sie.

Selbstverständlich. Alles klar. Es leben zurzeit über sechseinhalb Milliarden Menschen auf der Erde, also ist die Wahrscheinlichkeit, an einem fremden Ort einen Bekannten zu treffen, statistisch betrachtet nicht groß. Dabei geschieht es erstaunlich oft.

Wenige Tage später habe ich zwei Stunden Pause und gehe ebenfalls ein bisschen durch Manhattan spazieren. In der Lower East Side bleibe ich stehen, um einem Straßenmusiker zuzuhören. Plötzlich taucht Oda auf, die Freundin eines portugiesischen Freundes. Wir kennen uns aus Hamburg, ich mag sie sehr und ihren Namen auch: Auf Oromo heißt Odaa der Baum, unter dem die Ältesten sitzen und sich beraten; er steht als Emblem auf unserer Fahne.

«Mensch, Yared, was machst du denn hier?», fragt sie.

Im selben Augenblick klingelt mein Handy, und schon ist Oda auf und davon, weil sie in Eile war. Diese kurzen Begegnungen überraschen mich immer wieder von neuem. Im Flieger nach Namibia treffe ich rein zufällig einen Kindergartenfreund meiner Schwester, im Flieger von San Francisco nach Hamburg trifft Julia eine ehemalige Kollegin vom NDR, die jetzt mit ihrem Mann in San Francisco lebt und Urlaub in der Heimat machen möchte. Merkwürdig: Auf dem Weg zum Flughafen hatten Julia und ich von ihr gesprochen und sehr bedauert, dass wir sie nicht besuchen konnten!

Meine Familie ist sehr groß. Ich habe mütterlicherseits neun und väterlicherseits vier Onkel und Tanten, von denen einige nicht mehr leben, dazu unzählige Vetter und Cousinen. Ein Teil der Familie lebt noch in Äthiopien, viele Verwandte sind wie wir aus politischen Gründen in alle Himmelsrichtungen ausgewandert, aber wir sind nach wie vor eng miteinander verbunden. Wir telefonieren, mailen, skypen und besuchen uns auch, wenn es möglich ist.

Als ich mit einundzwanzig Jahren zum ersten Mal in die USA reiste, konnte ich mir das nur leisten, weil ich in vielen Städten Onkel, Tanten, Cousins, Cousinen und Freunde hatte, die mich gern für ein paar Tage aufnahmen. Wenn ich jetzt mit dem NDR unterwegs bin, ergeben sich oft Gelegenheiten, Verwandte zu treffen. Ich empfinde es jedes Mal als großes Geschenk, ein paar Stunden oder Tage mit vertrauten Menschen verbringen zu dürfen. So treffe ich 2007 in Seattle meine Tante, die Schwester meines Vaters, die bei unserer Rückkehr nach Äthiopien in Addis groß Hochzeit gefeiert hatte. Sie lebt schon lange mit ihrem Mann und ihren Kindern in dieser Stadt.

Auch meine Schwester ist ausgewandert, und das war für mich erst sehr traurig. Zum Glück hatte ich da schon von meinen Föhrern gelernt, dass man einen Menschen, den man liebt, nicht verliert, nur weil er in die Ferne zieht. Als sie 2007 in Toronto ihren Bräutigam Samuel, einen kanadischen Oromo, heiratete, hatte ich zwischen den Drehs in Nebraska und Sibirien ein paar Tage frei und flog mit meiner Frau und meinen Söhnen hin.

Wir trafen dort an die fünfzig Verwandte aus den USA und Kanada; mein Bruder, meine Eltern und meine Tante aus Deutschland waren selbstverständlich auch anwesend. Die Hochzeit war eine Mischung aus Oromo-, deutscher und kanadischer Kultur. Die Segnung des Paares durch die Ältesten folgte der Oromo-Tradition, kanadisch und deutsch waren dafür der Eröffnungstanz und das Anschneiden der Hochzeitstorte.

Wir feierten auf einer Dachterrasse mit Blick auf die Skyline von Toronto. Das Festmahl hatten die Familienmitglieder in Gemeinschaftsarbeit vorbereitet und mitgebracht. Bei den Oromos ist es üblich, dass man das Essen selber zubereitet, statt ein Catering zu bestellen. Das gemeinsame Vorbereiten ist ein wichtiger Bestandteil der Hochzeit, so haben die Familien und die Freunde Gelegenheit, sich auszutauschen und schon mal vorzufeiern.

Als wir ein Jahr später in Wisconsin drehen, kommt meine Schwester angeflogen, um mich zu besuchen. Kanada und Wisconsin sind nur ein paar Stunden Flug voneinander entfernt, es ist für sie also sozusagen um die Ecke. Ein Jahrhundert früher hätte man für die Strecke wahrscheinlich drei Monate gebraucht. Es ist toll, sie wiederzusehen und zu hören, dass sie sich gut eingelebt hat. Sie bleibt vier Tage, sieht mir zum ersten Mal bei einem Dreh zu. An einem Tag bin ich leider ein bisschen krank und genieße es, dass sie bei mir ist. Ich muss nicht allein im Hotelzimmer bleiben, lasse mich gern von ihr pflegen.

Nach dem Dreh mache ich einen Umweg über Minneapolis: Dort lebt mein Onkel mit seiner Familie. Mein Cousin wird bald heiraten, die Hochzeitsvorbereitungen sind voll im Gange. Meine Cousine und mein Cousin haben mich bereits bei meinem ersten New-York-Dreh besucht, und die Gelegenheit, sie jetzt zu besuchen, lasse ich mir nicht entgehen, es ist ja nur ein Katzensprung entfernt.

Auch Teile der großen Familie meiner Frau leben nicht mehr in ihrer Heimat Portugal, sondern in Brasilien, Australien und Deutschland. Wir beide haben viele Freunde, die auf der ganzen Welt verstreut leben. Wenn wir auf einem Globus kleine Reiter an alle Orte steckten, wo jemand lebt, den wir gut kennen und mögen, wenn wir Verwandte, Freunde und Bekannte dazunähmen, diese Reiter mit bunten Fäden miteinander verbänden, hätten wir vor uns das Bild einer spannenden Vernetzung. Bei meiner Frau und mir wäre sie besonders dicht, das liegt an unserer Biographie. Nähmen wir noch die Freunde unserer Kinder dazu, würde die Vernetzung noch dichter: Ihre Hamburger Freunde sind ein Kulturmix aus Türken, Kurden, Thailändern und vielen anderen Nationalitäten.

Doch ganz unvernetzt ist heutzutage niemand auf dieser Erde. Das zu wissen macht die Welt kleiner und gemütlicher.

KEIN ENDE

Etwas macht mich nachdenklich bei manchen Reisen. Die Unterschiede schwinden, die Länder verlieren ihren ureigenen Charakter, die Menschen gleichen sich an. Europa wächst zusammen, überall liegt fast dasselbe Warenangebot in den Supermärkten, sodass man nicht mehr weiß, ob man in Portugal, Italien oder zu Hause in Deutschland ist. Einkaufsstraßen und Cafés werden sich immer ähnlicher, in vielen Restaurants bieten die Speisekarten nur noch internationale Gerichte – wenn es so weitergeht, wird man bald echte lokale Spezialitäten suchen müssen.

In China und Kenia laufe ich durch Shopping Malls nach amerikanischem Modell, wie wir sie auch in Deutschland kennen, das ruft aber keine Heimatgefühle auf, sondern eher Langeweile. Gibt es keinen Unterschied mehr? Oder doch: Sie sind größer, schöner und edler als hier. Prada, Gucci, Bulgari, Boss, Chanel, Rolex und all die anderen großen Marken präsentieren sich in Peking noch viel luxuriöser als in Hamburg oder Berlin.

Allerdings stehen auf der Straße vor den Konsumkathedralen Jungs, die einem Fake-Rolex für drei Euro verkaufen wollen. Gute Fälschungen, von denen man die Finger lassen sollte: Wer damit am Zoll erwischt wird, muss die Zollgebühr für eine echte Rolex bezahlen und bekommt außerdem eine Anzeige.

Zum Glück gibt es in solchen Ländern unweit von den Luxusläden noch alte Viertel mit kleinen Schneidereien und Imbissbuden, wo man schon allein an der Bauart der Häuser erkennt, dass man nicht in einer amerikanischen Großstadt ist. Der Globalisierungsprozess ist nicht aufzuhalten, aber ich wünsche mir, dass er nicht alles verwässert.

In Australien sollen Julia und ich bei einer Weinprobe gefilmt werden. Es dauert ziemlich lange, bis das Team alles aufgebaut hat. Der Ort ist richtig romantisch, wir stehen auf einem Hügel mit Blick über das Barossa Valley, die Sonne strahlt uns an. Wir lassen unseren Blick schweifen, beobachten die Umgebung und die Menschen. Dreharbeiten machen sie meistens neugierig. Doch einer sitzt völlig desinteressiert auf einer Matratze in einem alten, vollgepackten Kombi, liest ein Buch, guckt in die Landschaft, widmet sich wieder seinem Buch. Wir überlegen, ob er sein ganzes Haus mit sich herumschleppt und warum er nicht weiterfährt, wenn er ganz für sich sein möchte – anstatt sich der Unruhe auszusetzen, die das Filmteam verbreitet. Und wir lästern ein bisschen über ihn.

«Was der wohl von uns denkt?», sage ich zu Julia.

Da hebt er den Kopf, blickt uns kurz an. «Oh, gar nichts», sagt er auf Deutsch. Und versenkt sich erneut in sein Buch. Er scheint sich nicht besonders für uns zu interessieren.

Wenn ich privat in einem fernen Land unterwegs bin und den vertrauten Klang der deutschen oder der Oromo-Sprache höre, weht mich augenblicklich ein wohltuender Hauch von Heimatluft an. Ich freue mich, suche den Kontakt mit den Leuten. Oft ist es nur eine kurze Berührung, ein kleines «Hallo, ihr seid auch hier, woher kommt ihr, was hat euch hierher verschlagen?». Manchmal hat man sich gar nicht mehr zu sagen, und die Wege trennen sich nach ein paar Worten wieder. Aus demselben Land zu stammen oder im selben Land zu leben bedeutet ja noch lange nicht, dass man einander unbedingt näher kennenlernen möchte.

Dennoch können Zufallsbekanntschaften spannend sein, meine Begegnungen mit den Plattschnackern all over the world sind es allesamt. Meine Interviewpartner wissen, dass ich sie mit

Fragen löchern werde, aber nicht mit welchen. Meistens setzen sie sich dem bereitwillig aus, was ihnen nicht immer leichtfällt, denn oft genug rühre ich an Stellen, die für sie schmerzhaft sind. Wenn ich spüre, dass sie über ein Thema vor der Kamera nicht sprechen wollen, höre ich auf, und wir reden über etwas anderes.

In der Sendung sind aus unseren Gesprächen nur ein paar Minuten zu sehen, aber wir verbringen meistens viele Stunden oder gar ganze Tage zusammen, so entwickelt sich zwischen uns eine Vertrauensebene. In den Wartezeiten öffnen mir manche dann ihr Herz, das sind sehr intensive Momente.

Wer auszieht, um Antworten auf seine Fragen zu finden, wird meistens mit einem Bündel neuer Fragen konfrontiert. Je länger ich mich mit dem Thema Heimat beschäftige, desto komplexer und umfangreicher wird die ganze Sache. Im Duden klingt die Definition noch recht einfach: «Land, Landesteil oder Ort, in dem man geboren oder aufgewachsen ist oder sich durch ständigen Aufenthalt zu Hause fühlt. Oft als gefühlsbetonter Ausdruck enger Verbundenheit gegenüber einer bestimmten Gegend.»

Bei Wikipedia wird der Begriff schon erweitert: «Heimat verweist auf eine Beziehung zwischen Menschen und Raum. (...) Heimat kann eine Gegend oder Landschaft meinen, aber auch sich auf Dorf, Stadt, Land, Nation, Vaterland, Sprache oder Religion beziehen. Heimat bezeichnet somit keinen konkreten Ort, sondern Identifikation.»

Der Duden weist auch darauf hin, dass der Plural von Heimat ungebräuchlich sei, aber heutzutage gibt es immer mehr Menschen mit zwei oder mehr Heimaten. Ich bin einer von ihnen. Das empfinde ich schon seit vielen Jahren als Bereicherung, doch ich weiß auch, dass es in meiner Jugend anders war.

Auswanderer bringen die Kultur ihrer Herkunft mit in ein neues Land, es ist ein Drahtseilakt, ein Gleichgewicht zwischen beiden zu finden. Bei diesem Prozess lassen sich Konflikte und Identitätskrisen nicht vermeiden. Einige gehen aus diesem Prozess gestärkt heraus, andere zerbrechen daran. Um ein Gefühl von Heimat zu entwickeln, kommt es nicht nur auf einen selber an, sondern auch auf die Gesellschaft, in der man lebt.

Ich hatte das große Glück, dass meine Familie, also meine Eltern und meine Verwandten, bewusst dafür gesorgt haben, dass meine Heimat Oromya immer präsent ist. Darüber hinaus fand durch ihren Freundes- und Bekanntenkreis, der sich aus verschiedenen Nationalitäten zusammensetzt, ein ständiger Austausch mit anderen Kulturen statt. Hinzu kommt ein Umfeld, das es mir ermöglichte, in meiner neuen Umgebung eine neue Heimat zu finden. Dazu zählen besonders meine Freunde, von denen ich nur wenige im Buch erwähnt habe, aber auch Nachbarn sowie viele andere, die mich als junger Mensch unterstützt und gefördert haben.

Heimatliche Gefühle habe ich, wenn ich irgendwo auf der Welt Verwandte treffe, die ich lange nicht gesehen habe, wenn wir uns in unserer Muttersprache unterhalten und Oromo-Gerichte zusammen essen. Ich begegne im Ausland Menschen, die mit mir platt schnacken, aus Norddeutschland kommen, sehe auf der Straße einen Wagen mit Hamburger Kennzeichen fahren.

Aber ganz Heimat ist nichts davon, und auch nicht der Ort meiner Geburt. Je häufiger ich diese vielseitigen Heimatgefühle erfahre, desto klarer wird mir, dass die einzige richtige Heimat in mir selbst liegt. Wie eine Schnecke ihr Haus mit sich trägt, nimmt der Mensch, der in sich verwurzelt ist, die Heimat überall hin mit. Er braucht dafür keine Erde, nur den Boden der eigenen Identität.

DANKE, FAYA TA'A

Aus tiefstem Herzen danke ich meinen Eltern, dass sie mich mit Liebe und Zuversicht begleitet haben. Danke Mama und Papa, dass ihr immer an mich glaubt und mir zur Seite steht. Ich danke euch dafür, dass ihr mir geholfen habt, meine – unsere – Geschichte in dieser Form zu Papier zu bringen.

Ein großer Dank gilt meiner Frau für ihre Liebe und Unterstützung und dass sie uns unsere wunderbaren Söhne geschenkt hat. Ich danke dir, dass du mit unseren Kindern Haus und Hof zusammengehalten hast, während ich mich «plattschnackend» durch verschiedene Heimaten geforscht habe.

Ein ganz besonderer Dank geht an meinen «kleinen» Bruder und meine liebe Schwester, die den ganzen Weg mit mir gegangen sind, gute Abkürzungen und Umwege inklusive. Danke auch fürs Querlesen und für manche Pointen.

Ihr alle seid meine Heimat, die ich immer bei mir trage.

Ich danke ganz herzlich Fabienne Pakleppa für die Zusammenarbeit an diesem Buch, für die vielen Stunden, die wir bei Tee und Kaffee zusammensaßen, und für die Idee, dieses Buch in dieser Form rauszubringen. Ich danke Dr. Jürgen Meier-Beer für die vielen wertvollen Ratschläge, dieses Projekt «Heimatforscher» zu wagen.

Ich danke Julia Westlake – mit dir bin ich nicht nur um die Welt geflogen, sondern auch gejoggt! Watt hebbt wi lacht!!! Een groden Dank an das gesamte «Die Welt op Platt»-Team für unvergessliche Momente auf den verschiedenen Kontinenten dieser Erde und an den NDR, der dies überhaupt ermöglicht hat.

Danke Sandra Poppendieck und Rainer Retzlick von Beckoffice für euren tatkräftigen Einsatz. Ich danke auch Michael von Rothkirch, meinem langjährigen Freund und Anwalt, für die «schlauen» Tipps und Ideen. Danke sage ich auch Andreas Euler, meinem Bremer Feuerwehrmann in Hamburg.

Ich danke ebenfalls Christof Blome für sein Lektorat und sein gutes Händchen. Und ich danke dem Rowohlt Verlag, der mir das Schreiben dieses Buches vorgeschlagen und ermöglicht hat.